I'M LIU CIXIN
我是刘慈欣

刘慈欣—著

杜学文 杨占平—主编

·太原·

图书在版编目(CIP)数据

我是刘慈欣 / 刘慈欣著;杜学文,杨占平主编. —
太原:北岳文艺出版社,2019.6
ISBN 978-7-5378-5873-1

Ⅰ.①我… Ⅱ.①刘… ②杜… ③杨… Ⅲ.①刘慈欣
—访问记 Ⅳ.①K825.6

中国版本图书馆CIP数据核字(2019)第046160号

我是刘慈欣

刘慈欣◎著　杜学文　杨占平◎主编

选题策划 续小强 麦坚	出版发行:山西出版传媒集团·北岳文艺出版社 地　址:山西省太原市并州南路57号　邮编:030012 电　话:0351-5628696(发行部)　0351-5628688(总编室) 传　真:0351-5628680
图书监制 麦书房文化	网　址:http://www.bywy.com　E-mail:bywycbs@163.com 经销商:新华书店 印刷装订:北京盛通印刷股份有限公司
责任编辑 刘文飞	开　本:880mm×1230mm　1/32 字　数:170千字 印　张:8.5
特约编辑 陈克海 李金山	版　次:2019年6月第1版 印　次:2019年6月北京第1次印刷 书　号:ISBN 978-7-5378-5873-1
装帧设计 小贾	定　价:49.80元

本书版权为本社独家所有,未经本社同意不得转载、摘编或复制

目 录

序章
- 001　和大刘一起吃喝的日子 / 杨遥
- 009　大刘小传 / 夏明亮

A 面
大刘说
- 026　《流浪地球》：寻找家园之旅
- 029　最糟的宇宙和最好的地球
- 036　我眼中的当代中国科幻文学
- 040　混沌中的科幻
- 046　重建科幻文学的信心
- 054　被忘却的佳作
- 062　我的科幻之路上的几本书
- 066　重返伊甸园
- 076　超越自恋
- 091　一个和十万个地球
- 099　技术奇点二题

B 面	112	我只是一步步实现了少年时代的理想
面对面	124	我没有不请自来的灵感
	166	我面对着多血的史诗和悠远的大火
	172	我把下一部小说全部作废了
	178	科幻不应把科学技术妖魔化
	188	关于科幻的十问十答

结语	203	两百年后的世界

附录

- 209 我为什么欣赏刘慈欣 / 韩松
- 212 大时空中的小人性 / 周云蓬
- 214 刘慈欣：不会去火星 / 方澎晨
- 226 摸到光年的长度 / 朱柳笛
- 236 如果·刘慈欣 / 小姬

- 250 刘慈欣作品年表
- 262 刘慈欣获奖记录

编后记 264

和大刘一起吃喝的日子

文/杨遥

大刘,还是叫慈欣吧。尽管他的万千粉丝喜欢这样亲昵地称呼他,我还是觉得慈欣叫着舒服。自从2009年我们一起成为山西文学院的第二批签约作家之后,我就一直这样称呼他。

慈欣凭借"三体"系列英文版第一部荣获了第七十三届雨果奖最佳长篇故事奖,这是亚洲首次获得这一世界科幻文学的最高殊荣。据说,这个奖相当于科幻界的诺贝尔奖。本想给慈欣打个电话或者发个短信祝贺一下,可是他获了这个奖像亚洲给世界上空投放了一枚原子弹,亮得让人眼瞎,文坛舵主、政坛显要争着抢着接见他,我想自己还是省点电话费吧。想起去年比现在稍早些,我们还躺在一张床上聊天,觉得他的发展真是不可估量。

第一次见慈欣是在2009年5月的一天,我们俩一起被评为山西文学院第二批签约作家。举行仪式的时候,没有多说话。我们俩性格都比较内敛,而且写文字的人大多比较敏感、自尊，再说他写科幻文学，我写正统小说，似乎是两个领域的事情。所以，那次见面是淡淡的，他几乎没有给我留下什么印象。要不是后来文学院接着搞了几个活动，大家都忙，可能相忘于江湖了。

2010年中秋节前夕，文学院在原平大营温泉举办笔会，我们俩作为签约作家都去了。每天会下大家闲聊，因为投机，我俩凑到了一起。我们聊各自的苦恼。他单位的领导不支持他写作，他只能偷偷写。我问，这样领导就不知道吗？他回答说，领导的孩子喜欢他的作品，拿上书让他签名，领导哪能不知道？说完，他苦笑了一下。那枚笑容在枯黄的秋天，像随时会凋零。作为有相同处境的人，我非常理解他。我也讲起自己每天埋首在材料堆中，像疲惫的骆驼在沙漠里跋涉，面前除了黄沙还是黄沙。说上半天这些烦心的事情，我们便会幻想明天的美好。

慈欣虽然工作、生活在娘子关的大山沟里，却是见过大世面的人。他获过科幻界的多届银河奖，被出版商组织着去世界上许多地方开过笔会。但他不装清高，不故弄玄虚把自己搞得像神龛上的偶像，总是有啥说啥，给人感觉很真诚。他讲述在日本、俄罗斯等地遇到的形形色色的"艳遇"，让我们这些男同胞有些嫉妒。我们觉得眼前这个总是穿着一件浅色夹克、头发不长不短地贴着头皮的眼镜男神秘了起来，真像个科幻作家。

当时，我和几个朋友一起向他索要书，他说回去后给我们寄。会议结束不久，我就收到了他快递来的书，一本《球状闪电》，一本中短篇集子，上面都签着他的名字。我打开他的书，一读就陷了进去。

在那个凄凉的秋天，我读着他的书，在天气渐渐凉下去的日子里，竟感觉到满世界的金黄。我读完之后，感觉都喜欢，尤其是《带上她的眼睛》《流浪地球》《全频带阻塞干扰》《乡村教师》和《球状闪电》，觉得他这些小说不光是科幻小说，文学性也极强。意犹未尽，我把《球状闪电》又读了一遍，然后推荐给自己的妻子和孩子。慈欣这次获奖后，关于他的采访报道铺天盖地，我看到他在一篇采访中谈到以前自己没有时间写作，所以一部小说要构思好长时间，深有同感。但慈欣在那种环境下，竟写出了一部又一部长篇，包括震惊世界的《三体》。

很快，我和慈欣又见面了。那是2010年圣诞节前，文学院组织我们去广西和越南采风。12月，北方已经万木萧瑟，寒风逼人，南方却郁郁葱葱，如沐春风。我们在阳朔看完《印象刘三姐》，去逛阳朔西街的酒吧一条街。那是我第一次到南方，见到什么都很新奇。夜晚的西街很热闹，街上到处都是人，很多是老外。各种各样的酒吧里飘出醉人或劲爆的音乐，让我们这些待在大山沟小山沟里的山西人很惊讶。我们不敢进去，害怕消费太高，便一个一个逛那些通宵的卖工艺品的商店，慈欣耐心地陪着我们。把所有商店逛完之后，已经快午夜一点。慈欣提议喝酒，他请客。此后，他多次邀请大家喝酒，足见他是一个很慷慨的人。那天，我们选了一家酒吧附近的户外排档。外面下着细雨，真是牛毛那么细的雨，我们坐在遮阳伞下面，喝着啤酒，听着酒吧里飘出来的音乐，北方的寒冷、朔风似乎遥远得不存在了，一下子感觉到生活真美好。

到了越南河内，一进酒店，慈欣便用英语和服务生打招呼，这让我大吃一惊。我说，你会英语啊？他说，能简单交流几句。住下来之后，才知道他在翻译英语科幻小说。

那天晚上，吃完饭，我们想去街上转转。一起去的，除了慈欣和我，还有来兵、凤喜。我们住的酒店有些偏，离市区比较远。出了酒店，倒是有路标，但都是越南文或法文，我们成了文盲。不知谁的主意，咱们朝着有灯的方向走。我忽然拾到一百美元，高兴极了，说请大家把这钱一起花完。过来一辆出租车，比画着让他拉我们走。进了市区的超市，大家看着商标，傻子一样。幸亏遇到一个在河内打工的广西女孩，给我们介绍了半天。结账的时候，不知道多少钱，便拿出早兑换好的越南盾让收银员自己拿。收银员一下子变得手足无措，大家却开心极了，大概是因为放下了在老家的负担。出了超市，我们往回走，我买了四个玉米，花了两万盾，大家开玩笑说这是吃过的最贵的玉米，其实就是几块钱。路过一家卖米粉的，慈欣说要请大家吃夜宵，感觉时间晚了，待在外面不太安全，便买了些东西带回去。回了酒店，我拿出那一百美元让吧台的服务生看，居然是假的。越南怎么会有假美元？在北京、上海也不容易拾到。没办法请客了。

在酒店喝酒时，大家又聊起自己的工作，几乎每个人都觉得头上套着一个枷锁。我们问慈欣，为什么不辞职，专门去写作。慈欣说，科幻小说不好把握，谁也不知道自己的书到底能不能畅销。读者喜欢你的这本，会不会喜欢你的下一本。那时，他的《三体》第三部《死神永生》刚出来，大概卖了二十多万册。他讲起在书商组织的活动上，见到的韩寒、郭敬明、南派三叔、当年明月这些畅销书作家，当年明月的《明朝那些事儿》已经卖了一千多万册，但他也没有辞职，还是有个工作有保障。

那次，是和慈欣在一起待得最长的一段日子，十天左右，我们没完没了地聊天，越来越熟。

2011年初，我去鲁院学习。一次在出租车上，有位朋友说起喜欢慈欣的小说，我当场拿起电话，拨通慈欣，让他们讲了几句，就因为我觉得我们熟。年底，我们这批签约作家签约期满了，评选优秀签约作家。文学院的老师和签约作家一起投票，评选两个。那几年，我创作比较勤奋，成绩也可以，有幸评上了。还评上了另外一位朋友。慈欣没有评上，大家不意外，他也不失落。我们觉得科幻和纯文学还是两个圈子。

那次慈欣告诉我，有人让他报茅盾文学奖，他没有报，他觉得自己评不上，而且报名一下要三十本书，花不少钱呢！他的话实在得可爱。我想起上一年慈欣给我寄书。他粉丝那么多，向他索要书的人一定不少，领导、老师、出版商、评论家、朋友、同学……以后绝对不能再向他要书了，想读自己去买。

那次见面很匆忙，急急忙忙投完票，吃了一顿饭，便又上了各自的战车。那时，我已经调进了省作协，但还是写材料。作协也想把慈欣调回来，但听说因为他的身份是企业编制，不能往文学院这样的事业单位调。

忙。大家都忙！

2012年，省作协在阳泉给慈欣和小岸开作品研讨会。这时慈欣的"三体"三部曲已经开始燎原，许多人托参会的朋友让他签名。吃饭时，他坐在我旁边，还是穿着那件浅色的夹克，头发不长不短贴在头皮上，说话慢条斯理，让喝酒就喝酒，也端起杯子来敬大家酒，还是哥们儿的样子。那次参会的人无论作家，还是评论家，没有一个研究科幻小说，我不知道大家的评论慈欣满意不满意。那时，人们热衷于引用复旦大学中文系教授、《新发现》主编严锋对他高度评价的语言："我毫不怀疑，这个人单枪匹马，把中国科幻文学提升到了世界级的水平。"

此后，慈欣的好消息不断传来，相继获了《当代》长篇小说年度奖、首届柔石小说奖短篇小说金奖、第九届全国优秀儿童文学奖等各种奖项，《人民文学》给他发了小辑，美国哈佛大学王德威教授发出了《乌托邦，恶托邦，异托邦——从鲁迅到刘慈欣》的评述文章，慈欣开始成为响当当的人物，从科幻界跨到了文学界，引起越来越多的关注。2013年山西省作协换届时，他被选为主席团委员。

到了省作协工作，逐渐深入文坛这个圈子，我看到专业搞创作的和退休的老作家一部部往出拿作品，进一步感觉到有自由创作时间的宝贵，就会不时想起远在娘子关的慈欣。他在业余时间默默地写，默默地写，从来没有把自己看得多高、多重要，那些别人渴求的东西一样一样主动跑过来，多么不容易啊！

转眼到了2014年，距离他要获星云奖的日子还有一年多，省作协召开主席团会和全委会。他是参会人员，我在会上工作。上午开完主席团会，他中午进餐厅有些晚，还是那件浅颜色夹克，背着个背包，进了餐厅，大约和大家都不太熟，便找了个无人的桌子自己坐下吃。我已经吃完饭，正准备走，看见他来又过去。慈欣从自己的包里掏出酒，他似乎总带着酒，他说自己不喝点酒，晚上就睡不着觉。

下午会上忙完，晚饭后我去找他。在他房间里聊了半天，时间不早了，怕打搅他，我要告辞。慈欣说，别回了，挤一起聊聊吧。那是一间大床房，看见能睡下我们两个大男人，我也想多向他请教请教，便没有回。

奇怪的是，那天晚上聊的什么内容一点也记不起来了。只记得我困了，便先睡了。慈欣不知道在电脑上还忙活着什么。我一晚上睡得非常踏实，大概是累了，也大概是感觉和他在一起非常踏实。第二天要上班，我起得比较早，慈欣还在睡着。我问他昨晚几点睡的？他说，你的呼噜真响！

我打呼噜了？我怎么忘记自己睡觉打呼噜了？！

转眼间，秋风凉，又是一年过去了。慈欣获了星云奖，我没有去祝贺他，却想起和他在一起吃喝、在他房间打呼噜的日子。也算一种别样的怀念吧！

大刘小传

文 / 夏明亮

刘慈欣创下了连续八年斩获中国科幻文学最高奖"银河奖"的纪录,被誉为"当代中国科幻第一人";他在不惑之年创作的"三体"系列,被评论界一致认为是"中国科幻文学史上的里程碑之作";有评论称,"刘慈欣单枪匹马把中国的科幻小说提升到了世界级的水平"。

一位铁杆科幻迷则用另一种方式表达了对刘慈欣的膜拜。他说,"三体"系列问世之后,世界上的人将分为三种:没看过《三体》的,看过《三体》《三体Ⅱ·黑暗森林》而没看过《三体Ⅲ·死神永生》的,看过《三体Ⅲ·死神永生》的。

刘慈欣用科幻作品迷倒了无数人,使沉寂了数十年的中国科幻文学再次吸引了大众的目光,人们说,当代中国科幻已进入"刘慈欣时代"或"三体纪元时代"。

寂寞生长的科幻种子

与一般人印象中知名作家大都生活在大都市不同,刘慈欣一直工作在群山环抱中的山西省娘子关发电厂,他的职业身份是计算机工程师。

与他的作品展现的奇特丰富的想象力不同,他的人生经历可谓平淡无奇,没有什么大起大落,或者明显的沟沟坎坎。

刘慈欣原籍河南省罗山县,1963年6月出生于北京,他父亲当时是北京煤炭设计院的干部,母亲是一名复员军人。"文革"爆发后,由于受叔父曾参加过国民党军队的"历史问题"牵连,全家被下放到山西阳泉一家煤矿,父亲做矿工,母亲当小学教师。从此,刘慈欣一家就成了地道的山西人。刘慈欣在一所矿山学校上小学、初中,"文革"结束后考入山西省重点中学阳泉一中。在中学时代,刘慈欣的文理科成绩都属于中上水平,并不是明显拔尖的学生,也没有受到过老师和同学过多的关注。高中毕业后,他考入华北水利水电学院,读的是水电工程专业。

追溯刘慈欣爱上科幻文学的源头,当是那本父亲从北京带来的凡尔纳的《地心游记》。读到这本书,刘慈欣说自己"一下子有一种从未有过的兴奋,就像是寻找了好久,终于找到了,感觉这本书就是为我这样的人写的……感觉就好像在一个黑屋子里,被一下子打开了窗户"。在父亲床下的一个小木箱里,他还看到了卡赞采夫的《太空神曲》、叶弗列莫夫的《仙女座星云》。那时还处于"文革"期间，他还是一名小学生，父亲怕他看这些"封资修"的东西会惹出事来，几次警告他不要看。但入了迷的刘慈欣已放不下，他躲过父亲，把这些书看了一遍又一遍。

"文革"结束后，一些外国的科幻作品在国内解禁，他又读到凡尔纳的《格兰特船长的儿女》《海底两万里》《神秘岛》《环游月球》及一些苏联的科幻文学作品。后来，无论是在紧张的高考备战前夕，还是在青春烂漫的大学校园里，刘慈欣都会想方设法读遍当时出版的科幻作品。"不是我读书多牛，那时候科幻方面的书比较匮乏，一年就出那么几本。"他后来说。

英国科幻作家亚瑟·克拉克的作品，更使刘慈欣领略到科幻的震撼和巨大魅力。克拉克是20世纪全球最著名的三大科幻小说家之一，其作品多以科学为依据，小说里的许多预测与后来的现实惊人一致。刘慈欣说自己从克拉克的作品中感受到了宇宙的广袤和神奇，看到了科幻"像造物主般"创造出一个个"真实到精致可触摸的想象世界"。

数十年后，他依然清晰地记得，1981年那个冬夜，阅读克拉克的《2001：太空漫游》和《与拉玛相会》时，他深深地沉湎于那种宏大叙事的唯美和跨越数万光年的想象空间。看完之后，他走出家门，一抬头望见深邃无垠的星空，"突然感觉周围的一切都消失了，脚下的大地变成了无限伸延的雪白光滑的纯几何平面，在这无限广阔的二维平面上，壮丽的星空下，只有我一个人站着，孤独地面对这人类头脑无法把握的巨大的神秘"。

在寂寞的少年时代，阅读科幻小说几乎填满了他课余生活的全部时间。瑰丽神奇的情节，天马行空的想象，在他小小的脑壳里萦绕，使他时时恍若置身梦中仙境，这种阅读体验让科幻的种子在他的心里扎下了根。

厚积薄发的创作井喷

1978 年，叶永烈的《小灵通漫游未来》出版面世，初版就销售了一百六十万册。看到中国人写的科幻小说，刘慈欣感到了亲切，从而跃跃欲试。这个当时只有十五岁的初三学生，开始尝试写作科幻小说。他写的第一篇科幻小说讲的是中国、苏联和北约争夺一件外星人扔在海里的武器，结果谁也没有争到的故事。外星人离开地球时，送给小说中的小主人公一件礼物——一个小小的球。这个小球不久膨胀起来，上面出现了山、水和房屋。最后，这个小球又膨胀成一座大大的城市，向人类展示着外星文明。

刘慈欣满怀希望地把这篇小说投寄给天津的一家杂志社，收到的却是一张退稿单。之后，他又把这篇小说投给几家杂志社，结果仍是泥牛入海，没有消息。这篇小说虽然没能发表，但开启了他的想象之门，在他后来创作的一些篇目中，尚能找寻到它那隐隐约约的影子。

20 世纪 80 年代，科幻小说一度被认为是一种"精神污染"，中国科幻文学进入低谷，许多科幻作家纷纷搁笔，而迷恋科幻的刘慈欣欲罢不能，他一有想法，就写出来，稿子写了不少，却连能投稿的杂志都找不到。

1985年，刘慈欣大学毕业，被分配到山西娘子关发电厂。发电厂的烟囱昼夜向空中喷吐着灰烟，使大地与天空迷茫一片，他的心里也是一片迷茫。他过着朝九晚五的生活，上班，下班，从宿舍区走到办公区，再从办公区返回宿舍区。偏僻的小镇上没有什么娱乐活动，同事们大多热衷于聊天和打牌。刘慈欣不打牌，也很少聊天。他常常在下班后坐在院子里的一把躺椅上，目送秋风春雨，惯看夏花冬月。在看似平静的生活中，刘慈欣把想象投射到数万光年以外的浩渺太空，有了灵感，就写下来。《宇宙坍缩》和《微观尽头》是他参加工作之初重拾科幻的两篇试手之作，虽然语言显得有些生涩，描写也较粗糙，但已蕴藏着他后来小说气魄大、悬念足的风格。

短篇写得不过瘾，刘慈欣又摆弄起了长篇。1989年，他完成了《中国2185》，两年后的1991年又写了《超新星纪元》。

刘慈欣在《中国2185》中尝试着描述了虚拟网络时代的权力和叛乱。那时，互联网对中国来说，还只是一个新鲜的词，对普通人来说，更是遥远得难以想象。

《超新星纪元》描述的是一个由孩子掌控的世界——在一个看似平常的夏夜，酝酿了上亿年的灾难从宇宙深处到达地球，超强烈的辐射使十二岁以上的人普遍患上了辐射病并相继死去，世界上只剩下十二岁以下具有基因自主修复功能的孩子。怪异而血腥的游戏在都市近郊的山谷中展开，作为国家领袖的孩子在游戏中诞生。最后的时光在"大学习"中瞬间即逝，当黑屏上的最后一点绿光消逝，地球上最后一个大人死去，公元世纪终结了。爆燃时代像一个阴森的征兆，惯性时代也在疲惫和失落中结束，网络的绝对民主使几亿孩子陷入极度的集体疯狂之中，挥霍无度的糖城时代诞生了。最终，公元世纪留下的武器成为孩子们的玩具，在南极荒原上，浸透了杀气的童心在血泥中嬉戏……

这部耗时近三年完成的长篇科幻小说，后来被评论界赞誉为"比梦幻更空灵，比现实更逼真"，是"一部壮丽的未来史""一部文明浴火重生的宏大史诗"。但问世之初，它遭到了冷遇：稿子在几家出版社转了一圈之后，又被无情地退了回来。直到十二年后的2003年，才由作家出版社正式出版。

创作于20世纪末的"大艺术三部曲"（《梦之海》《诗云》和《欢乐颂》），虽然也是迟至几年后才得以发表，但已突显了刘慈欣在写作上新的感悟：越是宏大的想象，越是需要照顾到细节；细节写得越细，越能显示出作品的宏大。"穷天下之海制作的超级冰雕，用太阳系弹奏的超级乐章，挖空地球做出来的诗歌存储器"，刘慈欣创造出无限可能的超级技术，突显着科幻的壮美。

1999年发表于《科幻世界》杂志的《鲸歌》，标志着刘慈欣真正走上了科幻与社会现实相结合的创作之路。以此为分水岭，他开始跨入创作精品的快车道。从1999年到2006年，他的《带上她的眼睛》《流浪地球》《全频带阻塞干扰》《中国太阳》《地球大炮》《镜子》《赡养人类》《三体》八部作品连续八年荣膺第十一届至第十八届中国科幻文学银河奖，创下了至今无人逾越的纪录。2010年，他的《三体Ⅱ·黑暗森林》又获第二十二届银河奖特别奖。2011年，他的《三体Ⅲ·死神永生》获第二届全球华语科幻星云奖最佳长篇小说奖金奖，同年再获《当代》杂志2011年度最佳长篇小说奖。2012年，《赡养上帝》获首届柔石小说奖短篇小说金奖。2013年，《三体》获中国作家协会第九届全国优秀儿童文学奖，同年再获首届"西湖·类型文学双年奖"金奖。刘慈欣本人还荣获第二届全球华语星云奖最佳科幻作家金奖，并被推举为2013年第四届全球华语科幻星云奖暨"科幻照进现实"高峰论坛大会主席……

沉积了二十余年，寂寞了二十余年，刘慈欣火了，拥有了无数的粉丝，他们称自己为"磁铁"，称刘慈欣为"大刘"。而在现实生活中，他低调内敛，甚至"三体"系列在中国文坛大红大紫之后，他的同事对他的写作仍一无所知。一天，一位要好的同事见到他，说："我在网上看到有个写科幻小说的人很火，他的名字竟然也叫刘慈欣！"刘慈欣听了，一笑置之。

精心构筑的科幻王国

当新世纪的地平线出现在人们眼前的时候，中国科幻文学也迎来了又一个春天。2003年，刘慈欣的《超新星纪元》由作家出版社出版后，一下子卖了一万两千册。虽然与主流文学作品比起来，这个数字不算什么，但科幻界敏锐地意识到，中国科幻文学的长篇时代即将来临。多年来发表刘慈欣作品的《科幻世界》杂志主编姚海军约他再写长篇，他愉快地接受了邀约，一鼓作气，仅仅用了一年时间就完成了长篇科幻小说《球状闪电》。

《球状闪电》描述了这样一幕神秘莫测的场景——在某个离奇的雨夜，一颗球状闪电闯进了少年的视野。它的啸叫低沉中透着尖厉，像是一个鬼魂，在太古的荒原上吹着埙。当鬼魂奏完乐曲，球状闪电在一瞬间将少年的父母化为灰烬，而他们身下的板凳却奇迹般冰凉。这一夜，少年的命运被彻底改变，他将穷其一生去解开那个将他变成孤儿的自然之谜。但是他未曾想到，多年以后，单纯的自然科学研究被纳入"新概念武器"开发计划，他所追寻的球状闪电变成了在下一场战争中决定祖国生存或是灭亡的终极武器！当被禁锢在终极武器中的大自然的威力被释放时，一轮冰冷的"蓝太阳"升起在西部的戈壁滩上，整个戈壁淹没在它的蓝光中，这个世界变得陌生而怪异。一个从未有人想象的未来，在宇宙观测者的注视下，降临人类面前……

《球状闪电》把揭示宇宙真相的宏大叙事和主人公的曲折坎坷身世严丝合缝地结合在一起，在科学与灵异、阴谋与爱情以及国家民族的命运之战等叙事中推进情节的演进，而球状闪电之谜的悬念始终如达摩克利斯之剑悬挂在读者的头顶上，压得读者喘不过气来。等到一个悬念终于揭开，马上又有一个更恐怖的悬念向读者袭来。读者时而屏气凝神，时而峰回路转，时而神经紧绷，时而热血沸腾。

2006年，刘慈欣写出了长篇科幻小说《三体》，之后几年又陆续出版了《三体Ⅱ·黑暗森林》和《三体Ⅲ·死神永生》，即人们所熟知的"三体"系列。这是一部长达八十八万字的"厚重无极、气象万千"的科幻巨制。小说讲述的是一种在半人马座三星（距离太阳最近的恒星）上生存的三体人和三体文明与地球和地球文明之间生死博弈的故事。

在小说中，三体文明是比地球文明层次更高，但它面临着灭绝的危险，因而三体人决定迁徙。但往哪里迁徙，他们久久找不到目标。正在这时，他们意外地收到地球人发来的名片，大喜过望，决定向地球迁徙。三体人首先派出"智子"到地球侦查，用他们那魔法般的科技锁死了地球人的科技之后，派出庞大的太空舰队杀气腾腾地向地球进发，准备一举毁灭地球人类文明，将地球变成三体人的栖身之地。于是，一场三体文明与地球文明之间的生死决战开始了。

在"三体"系列中，刘慈欣提出了一个"宇宙黑暗森林法则"：宇宙是一片黑暗森林，每个文明都是带枪的猎人，像幽灵般潜行于森林之间，如果他发现了别的生命，能做的只有一件事——开枪。在这片森林中，他人就是地狱。在宇宙的黑暗森林中，地球如大海上的一片浮叶，微不足道，朝不保夕。

刘慈欣认为，人类不应该轻易暴露地球在宇宙之中的存在，因为人类并不知道外星文明各方面的情况，更不知道宇宙之中有没有一个统一的价值观和道德准则。即便外星文明是好意的，和外星人接触也是一件很危险的事，甚至可能会因此遭遇不可预知的灾难，这可从地球上人类和蚂蚁、昆虫这些动物的关系来推断。因此，人类抱着一种很天真的态度去招惹外星人是很可怕的。

刘慈欣没想到，他的这个理论竟然与英国著名物理学家史蒂芬·霍金的理论不谋而合。在 2010 年，霍金发表言论

称,对于外星生命,人类要做的不是积极尝试接触他们,而是尽量避免与他们接触。刘慈欣在2006年就走在了霍金的前面,这就是科幻的魅力。

刘慈欣创作《三体》,一定程度上改变了中国科幻文学的属性。从20世纪初科幻文学进入中国那天起,就背负了"文以载道"的重责,负担了过多的社会功能。梁启超就将"科学小说"视为开启民智的新小说的一部分,鲁迅则更看中科幻文学的科学教育功能。之后,随着时代的更迭与社会的流变,科幻文学开始在意识形态工具和科普工具之间摇摆。

刘慈欣的《三体》将科幻文学成人化了,引发的反响是民间自发的,与由官方主导的"文以载道"使命感相去甚远。"三体"系列出版后,读者群的范围呈现有趣的膨胀式变化,有科幻迷、文学爱好者、科学工作者、企业家、创业者……中国航空航天部门的工作人员也在豆瓣上谈论《三体》对中国航天事业未来走向的启发,互联网公司创办人也在社交网络上讨论"黑暗森林法则"与中国互联网创业环境的异同……

"三体"系列征服了无数的科幻迷,它的中文版发行量不仅达到了超纪录的四十万套(每套三册,共计一百二十万册),成为国内近二十年来最畅销的科幻小说,而且出版了英、日、韩等多种外文译本,电影、电视剧、网络游戏等有关改编权也相继被国内外一些公司购买。

2013年8月23日,一个消息震惊了中美科幻界:在以《星球大战》《阿凡达》《侏罗纪公园》等科幻小说或科幻电影火爆全球的科幻帝国美国,著名科幻读物出版社——托尔出版社宣布,中国科幻作家刘慈欣的科幻扛鼎之作《三体》,即将登陆美国——这是中国大陆长篇科幻小说首次在海外主流出版社出版。

"三体"系列的出版，被称为中国当代科幻文学的里程碑。

刘慈欣说："主流文学描写上帝已经创造的世界，科幻文学则像上帝一样创造世界再描写它。"

迄今为止，刘慈欣已出版多部作品，总计四百余万字。刘慈欣精心构筑的光年尺度上的科幻世界，涵盖了从奇点到宇宙边际的所有尺度，跨越了从白垩纪到未来千年的漫长时光，其思想的速度和广度，早已超越了"可上九天揽月，可下五洋捉鳖"的传统境界。诺贝尔文学奖获得者莫言对刘慈欣的想象力十分称道："（刘慈欣）利用深厚的科学知识作为想象力的基础，把人间的生活和想象的生活融合在一起，产生了独特的趣味。这样的能力我就不具备。"

20世纪，叶永烈的《小灵通漫游未来》之后，《三体》打破了原来科幻小说封闭的读者圈，成为当代中国科幻史上的另一个高峰。

续写不尽的科幻故事

在中国文坛，科幻文学一直处于边缘化的地位，是一种远离大众的"小众文学"。而刘慈欣的出现，引起了主流文学的广泛注目。

2012年，他的四篇科幻小说《微世纪》《诗云》《梦之海》《赡养上帝》在中国标志性主流文学刊物《人民文学》第三期上列队成阵，这是时隔三十余年后，科幻小说再次出现在主流文学刊物上。在此之前，是1978年《人民文学》发表的科幻小说《珊瑚岛上的死光》（作者童恩正）。在主编李敬泽眼中，刘慈欣的科幻小说"应该可以和世界上最好的科幻小说相抗衡"。同年7月，刘慈欣走进中央电视台《小崔说事》栏目，"小众"大有趋向"大众"之势。

2013年8月18日，一封特快专递从北京寄到了刘慈欣家里，里面装着来自中国作家协会的一张获奖通知书——他的科幻小说《三体Ⅲ·死神永生》荣获第九届全国优秀儿童文学奖，邀请他于9月17日前往北京国家大剧院参加颁奖典礼。

全国优秀儿童文学奖是中国作家协会设立的全国性纯文学大奖，与鲁迅文学奖、茅盾文学奖齐名，可谓主流文学奖的至高荣誉。刘慈欣的科幻小说又一次被主流文学界认可。

如今，刘慈欣蜚声华文世界，被科幻迷们拥戴为"科幻教主"。他被国外华文媒体锁定为"21世纪中国文坛最值得注意的作家"，被视为可与阿西莫夫、克拉克、海因莱因相比肩的科幻文学大师。

面对这些崇高的荣誉和桂冠，刘慈欣仍是一如既往地低调，他的头脑十分清醒："我引以为傲的是，我什么时候对科幻是什么状态都很清醒……可能有一天我也会不冷静了，突然很疯狂，突然很高兴，但远没有到那个时候。"他认为，从人文科学角度讲，科幻是为应对人类超级灾难而产生的，是其他任何文学门类无法替代的。从自然科学角度讲，科幻是为发掘科学的美和震撼而存在的。真正好的科幻作品是要把很虚幻很空灵的东西描写得很真实，像新闻报道那般真实。

科幻作品要持续不断地突破想象的边界，一般科幻作家在创作过程中时时有枯竭之虞。而刘慈欣却一部接一部地亮出新作，令人目不暇接，不断给读者带来酣畅淋漓、高潮迭起的阅读体验。他有一句名言——宇宙的故事说一生也说不完。在他看来，比起主流文学，科幻的世界广大丰富得多。他说："现在主流文学，为什么手法变革那么快？有种说法是，因为故事已经讲完了，只能在形式上面创新。但是科幻的故事还没有讲完，已经有的故事还没有讲完，科学也在继续为我们提供新的故事。每年科学都提供大量新故事，而最普通的科学，最耳熟能详的科学，比如牛顿三定律，仍然有巨大的故事资源，要写完，很难。比如主流文学写爱情，不过就是两个组合，但是科幻呢，可能有三个性别，可能人和机器人谈恋爱，可能和外星人谈恋爱，比起主流文学来，科幻故事资源相当丰富，取之不尽用之不竭，这个我有信心。"

在《超越自恋——科幻给文学的机会》一文中，刘慈欣对文学界一直奉为圭臬的"文学是人学"的公理提出了疑问，对科幻文学的边缘化地位发出了不平之声：

> 从时间上看，如果把宇宙诞生至今算作一年的话，人类的出现只是最后一秒钟。但在我同文学有限的接触中，一直有一个声音在耳边絮絮叨叨，告诉我只有这灰尘般的地球和人类出现后这弹指一挥的时间值得去表现去感受，其余那广漠的时空都不值得一瞥，因为那里没

有人,没有人性,文学是人学。在主流文学中,由于人性超越一切的吸引力,太阳和其他星辰都是围绕地球转的。如果宇宙是撒哈拉沙漠,只有地球这一粒沙因其上附着的叫人的细菌而成一粒金沙,其余的整个沙漠都可以忽略其存在。太阳的存在只是为了照亮淳朴的田园,月亮的存在只是为了给海边的情侣投下影子,银河系的存在几乎没有必要,好在有个东方的神话用到了它,虽然那对情侣即使以光速跑过鹊桥,也要花十万年时间才能拥抱。

在刘慈欣看来,主流文学就是一场人类的"超级自恋",而科幻文学恰恰是文学"再一次睁开眼睛的努力",超越主流文学的超级自恋,让文学与宇宙重新连接起来。

已逾知天命之年的刘慈欣,仍然驰骋在自己构筑的瑰丽斑斓的科幻世界里,在浩渺无际的宇宙中寻觅着自己的精神家园。

A面

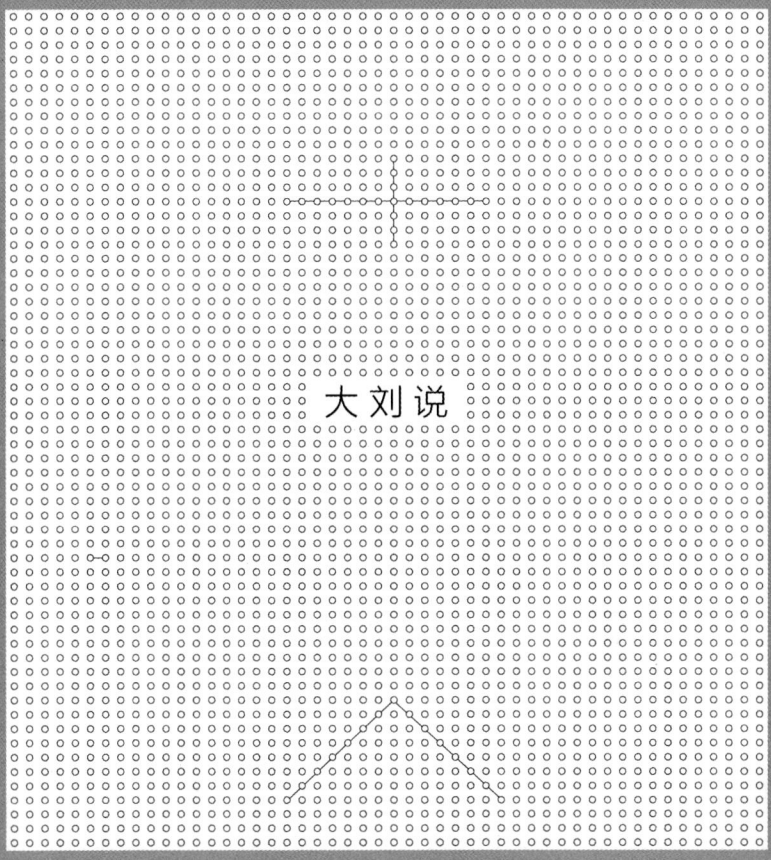

《流浪地球》：寻找家园之旅

　　《流浪地球》是为 1999 年笔会写的小说，当时要求带上自己的作品，同时带去的还有《鲸歌》《微观尽头》和《时间移民》（从未发表）。那是我第一次与科幻界接触。

　　记得到了编辑部旁边的科协招待所已是深夜，看到服务台前有一对少男少女，男孩的英俊和女孩的美丽几乎是我从未见过的，仿佛是从神话中下来的人物，我立刻断定他们是来开会的科幻作者，因为在我的潜意识中科幻就是这么美的，于是凑过去问你们是不是来开笔会的？他们冲我笑笑说不是（可能是放假旅游的学生）。直到第二天早晨，笔会的作者和编辑部的人才陆续出现在招待所大厅里，我也终于发现他们不是从神话里下来的，他们显然也和我一样是食人间烟火的，明白了只有神话之外的人才能创造神话，昨晚见到的那两个绝美的少男少女是写不出神话或科幻的，就像一个人不能提着自己的头发升空。失望之余，倒也有了一种找到组织的亲切感。但直到今天，虽然当年参加笔会的一些作者的形象模糊了，但那对深夜中遇到的少男少女还在我的记忆中栩栩如生，几乎成了科幻化身。

在那届笔会上，阿来请来了《小说选刊》资深编辑冯敏讲授国内主流文学的现状，强调科幻小说应该在文学和科学幻想上取得某种平衡。其实，《流浪地球》就是这种平衡的结果。

对于小说中的人类逃亡，从科幻或科学角度讲，我是百分之百的飞船派，因为推进地球的能量绝大部分消耗在无用的荷载上，也就是构成行星的地壳内部的物质，这些物质最大的意义就是产生重力，但重力也可由飞船的旋转来模拟。但从文学角度看，这篇作品的美学核心是科学推动世界在宇宙中流浪这样一个意象，而飞船逃亡则产生一个完全不同的逃离世界的意象，其科幻美感远低于前者。不过后来的一次经历差点儿使这篇小说流产，那是我因公外出，第一次坐飞机，从万米高空看大地时，仍然一点都觉察不出地球的曲率，行星的表面仍然是一个无际的水平面，推进这样的世界简直是痴人说梦！但回去后还是坚持把小说写出来，最初只有发表时的一半长，后来应编辑的要求加长了一倍。王晋康老师在笔会上看到该文时说这应该三十万字才够，可在当时是没有机会发表长篇的。

《流浪地球》还有许多方面不得不在科幻的严谨上做出妥协，比如氦闪，只是恒星步入晚年初期的一种活动，在漫长的时间里反复发生后，恒星才能进入红巨星状态。另外，当时没有经验，竟把地球发动机的具体参数全部详细列出，详细到可以很方便地直接计算地球得到的加速度，计算的结果是：发动机只能给地球零点（N多个零）几的加速度，别说航行，改变轨道都不可能。

到现在，看到和听到很多对自己小说的评论，有的下笔千言不知所云，但有的只一句话让我看到了自己都没看到的真相。在2000年的笔会上，杨平对我说，他从我的小说中感觉到强烈的"回乡情结"。当时我不以为然，认为回乡情结是最不可能在我的小说中出现的东西。但后来细想，对他真是钦佩之至。

光阴飞逝，现在十年过去了，很多事情都发生了变化，我很快就要离开这个生活了二十多年的地方，我在这里度过了毕业之后的青春时光，写出了自己迄今为止的所有科幻小说，但要走了竟没什么留恋，在精神上这里不是家园，我不知道哪里是家园。现在看着窗外的群山，不由又想起了杨兄那句话。

其实，自己的科幻之路也就是一条寻找家园的路，回乡情结之所以隐藏在连自己都看不到的深处，是因为我不知道家园在哪里，所以要到很远的地方去找。

在《流浪地球》中所能看到的，就是这样一个行者带着孤独和惶恐启程的情景。

最糟的宇宙和最好的地球
——《三体》和中国的科幻小说

三年前,中国出现了一本奇怪的书,首先它有一个奇怪的书名——《三体》(本书共三部,全名是《地球往事》,后两部的书名分别是《黑暗森林》和《死神永生》,但在国内人们还是习惯把三部曲统称为《三体》)。这是一部科幻小说,科幻小说在中国是一个处于十分边缘位置的文学体裁,被认为是低幼的少儿文学,不受关注。而《三体》的主题——外星人入侵,在中国同样是一个虽不陌生但很少有人关心和提及的话题。这样,《三体》在中国所发生的事确实有些出人意料,它出版后引起了中国各阶层的广泛关注,引发了大量的讨论。对于科幻小说来说,这是以前从未有过的事情。

在以在校学生为主的科幻读者圈之外,首先关注《三体》的是IT企业界,企业家们多次在论坛和其他场合谈到《三体》第二部中创造的宇宙"黑暗森林"原理,以及第三部中外星文明对太阳系降低一个空间维度的攻击,以此来类比国内互联网业界的竞争状态。接着,《三体》在文学界产生了影响，中国文学一贯以现实主义小说为主流，《三体》像一个突然闯入的怪物，让评论家们不知所措，又不得不正视。《三体》的影响也在渗入科技界，研究宇宙学和弦论的理论物理学家李淼专门为此写了一本书——《〈三体〉中的物理学》；在航天领域，《三体》也拥有大量读者，国家空间技术研究机构邀请作者进行咨询（尽管在《三体》第二部中，国家航天系统被描写为极端保守和僵化的形象，以至于多名航天高级官员和科学家被一名激进派军官在太空中狙杀）。这种事情在美国可能司空见惯，但在中国绝无仅有，这也与官方舆论在20世纪80年代对科幻的打压形成鲜明对比。在网上流传了多首为《三体》谱写的音乐和歌曲，人们殷切盼望《三体》电影的出现，以至于网友用已有的影视视频材料剪切成《三体》的虚假的电影预告片。在微博（相当于Twitter）上，突然涌现出大量《三体》中的人物名字的ID，最后所有人物的ID都在网上出现了，形成了一个网上的组织，以书中人物的视角给出对现实问题的看法，继续演绎着《三体》的故事，以至于有人推测，《三体》中外星入侵者在人类中的第五纵队：地球三体组织（ETO）已经在现实中出现了，网上甚至在销售ETO的徽章。在去年国内最大的主流媒体中央电视台举办的一次以科幻为主题的访谈节目中，演播室中的上百名观众突然高呼《三体》中ETO的口号："消灭人类暴政，世界属于三体！"这让两位著名的主持人错愕不已。

　　在这些事情发生时，科幻小说在中国已经走过了一个世纪的历史。

中国的科幻小说诞生于20世纪初的清朝末年，当时西方的科学技术在中国引起了人们广泛的好奇与向往，被认为是国家摆脱贫弱落后的希望，涌现了大量对科学技术的普及和想象，其中也包括科幻小说。戊戌变法的领袖之一、著名思想家梁启超就写过一篇名为《新中国未来记》的科幻小说，其中想象了百年后才变为现实的上海世界博览会。

与其他文学体裁在中国的经历一样，科幻小说在中国也一度被工具化，即服务于某一很现实的目的。在其诞生初期，就成为中国人强国梦的宣传品。在清末民初的科幻小说中，中国无一例外地成为富强先进的国家，让全世界向往和朝拜。在新中国成立后的20世纪50年代，科幻小说则成为向大众普及科学的工具，所面向的读者主要是少年儿童。这时的科幻小说中的幻想以现实技术为基础，并且从已有的技术基础上走得不远；作品大多以技术设想为核心，没有或少有人文主题，人物简单，文学技巧即使在当时也是简单而单纯的，小说中所描写的空间范围基本上没有越出火星轨道，时间也都在近未来。在那一时期的中国科幻小说中，科学和技术都是以完全正面的形象出现，科技所带来的未来都是光明的。

回顾这一段中国科幻小说的历史，有一个值得注意的有趣的现象：当时，中国国内的政治氛围十分浓重，对共产主义理想的教育充满了社会生活的方方面面。以未来社会为描写对象的科幻小说应该成为描绘共产主义理想社会的有力工具，但实际上这事从来没有发生过，几乎没有出现过以共产主义为主题的科幻小说，甚至连简单的宣传性图解都没有。

到了20世纪80年代,随着改革开放,西方科幻对中国科幻小说的影响逐渐显现,中国科幻作家和评论家开始了一场科幻小说是属于文学还是科学的争论,最终以文学派的胜利告终。这场争论对中国科幻文学发展方向产生了重大影响,某种程度上可以看作西方科幻小说新浪潮运动在中国迟来的影响,科幻文学开始摆脱科学普及的工具性使命,向新的方向发展。

从20世纪90年代中期至今,中国科幻小说进入新的活跃期,新时期的中国科幻从作家到创作理念都是全新的,与20世纪几乎没有联系。在日益多元化的科幻创作中,中国科幻也正在失去自己曾经有过的鲜明特色,越来越趋同于世界科幻,在美国科幻小说中出现过的所有题材和风格,都能在中国科幻中找到对应的作品。

值得注意的是,20世纪中国科幻中的科学乐观主义几乎消失了,对科技发展的怀疑和忧虑在中国科幻小说中得到了大量的反映,未来景象变得阴暗和飘忽不定,即使光明的未来时有出现,也是经历了难以想象的曲折和灾难。

在《三体》出版之际,中国的科幻界正处于焦虑和压抑之中。科幻文学长期处于边缘化状态,科幻小说的市场很小,只有一个很封闭的读者圈子。中国的科幻迷一直是一个顾影自怜的群体,他们一直认为自己生活在孤岛上,感到自己的世界不为别人所理解。而在这时,科幻作家们正在为吸引科幻迷圈子外的读者做出巨大的努力。他们认为,要想吸引圈子外的读者并获得主流的承认,必须抛弃坎贝尔式的"科幻原教旨主义",提高科幻小说的现实性和文学性。

《三体》的前两部也体现了这种努力。第一部描写了"文革"时的故事,在第二部中,在抗击外星侵略的近未来,中国仍处于现在的社会体制之下。这些都是试图增加读者的现实感,为科幻的想象找到一个现实的依托和平台。也正因为如此,作者和出版商都对即将出版的《三体》的第三部失去了信心。因为随着故事的发展,第三部不可能再与现实接轨,只能描写遥远的未来和更加遥远的宇宙,而这些,被认为是中国读者不感兴趣的。因而,作者和出版商达成了一致意见,认为既然第三部不太可能取得市场上的成功,就干脆抛弃科幻圈外的读者,写成一部很纯的科幻小说,这也算是对身为铁杆科幻迷的作者的一个安慰。于是,第三部成为科学幻想的狂欢,描写了多维和二维世界,出现了人造的黑洞和小宇宙,故事在时间上一直到达宇宙末日。但出乎作者和出版商的预料,正是只写给科幻迷看的第三部造就了《三体》三部曲的巨大成功。

《三体》的经历让科幻作家和评论家们重新思考中国科幻和中国本身,他们发现自己以前忽略了中国读者的思维方式正在悄然发生的变化:随着现代化进程的加速,新一代的读者不再像他们的父辈那样把思想局限于狭窄的现实,而是对未来和星空产生了更多的兴趣。这一时期的中国,很像科幻小说黄金时代的美国,科学技术使未来充满神奇感,机遇和挑战都同样巨大。这是科幻小说生存和成长的肥沃土壤。

回到《三体》本身上来,科幻小说是一种展示不同的可能

性的文学。宇宙也有多种可能性，对人类来说，有最好的宇宙，有中性的宇宙，而《三体》所展示的是最糟的宇宙，在这样一种可能的宇宙中，生存的严酷和黑暗达到极限。

不久前，加拿大科幻作家罗伯特·索耶来中国，在谈及《三体》时，他给出了作者选择最糟的宇宙的原因。他认为这同作者的民族和国家在历史上的遭遇有关，而他作为一个加拿大人，对人类与外星文明的关系就持一种乐观的态度。其实不是这样，在20世纪的中国科幻小说中，宇宙是充满善意的，外星人大都以慈眉善目的形象出现，以天父般的仁慈和宽容，指引着人类这群迷途的羔羊。金涛的《月光岛》中，外星人抚慰着经历"文革"的中国人心灵的创伤；童恩正的《遥远的爱》中，人类与外星人的爱情凄美而壮丽；郑文光的《地球镜像》中，人类道德的低下，甚至把技术水平高出几个数量级但菩萨心肠的外星文明吓跑了！

但反观地球文明在宇宙中的地位，人类作为一个整体，在宇宙中不像现代的加拿大，倒更像五百年前欧洲移民到来之前的加拿大土著人。当时，由不同民族组成并代表至少十个语族的上百个部落，共同居住在从纽芬兰省到温哥华岛的加拿大。他们面对外来文明的遭遇，显然与《三体》中的描述更为接近。在不久前出版的由加拿大土著人作家乔治斯·伊拉兹马斯和乔·桑德斯所著的《加拿大的历史：一位土著人的观点》引起广泛关注，其中对此有着刻骨铭心的叙述。

在《三体》这样的科幻小说中描写最糟的宇宙，是为了能有一个最好的地球。

我眼中的当代中国科幻文学

一

科幻文学从灵魂深处看有一种天真的东西,这一直是它的魅力所在。正是这种东西使科幻文学在大众中得到认可。美国的《星球大战》和《星际旅行》催生了"星球迷"和"星际迷",就因为它这种天真的东西,这可能也和科幻的灵魂、内核有关。

科幻也是对一个人生命的扩展。从目前来看,我们在太阳系里像一粒灰尘,太阳系本身又是银河系的一粒灰尘,银河系又是上千万星体中的一粒灰尘。人类之外的空间相当大,但是主流文学只集中在地球这粒灰尘上,主流文学的宇宙观其实是托勒密的宇宙观,对我们之外的时间、空间并不关心。我觉得,作为一种文学,这是很遗憾的,即便是奇幻文学、魔幻文学等等涉及的空间仍然小得很,很少超出月球轨道之外。而科幻文学,它涉及的时间、空间都是非常广阔的，它把我们传统的主流文学看不到、不愿意看的那些宇宙中的其他部分呈现了出来。同时，它把人性放到这些部分中去，让人性在这里面表现出它的美、它的丑、它的本质，这是主流文学从来没有表现过的，这就是我们需要读科幻的一个重要原因。

人们一直有一个误区，认为科幻文学是戴着镣铐跳舞，好像其他的幻想文学是没有限制的，这种说法完全是对科幻文学的误解。科学不是镣铐，恰恰相反，科学是一个翅膀，是一个想象力的翅膀，科学不是压抑想象，而是提升想象。其实仔细看，建立在古代神话基础上的科幻和魔幻作品，它的想象题材相当有限，但是科学给科幻提供的想象资源和故事资源是任何一个文学种类都无法比拟的。

二

这些年来，应该说中国科幻得到了蓬勃发展。我同意吴岩老师以前说的一句话，这可能跟时代有关。中国发展到现在，工业化和现代化进程都呈现加速的趋势，它深刻地改变着我们民族的文化视野和文化氛围。说得更具体一些，现在的中国人再也不是面朝黄土背朝天、眼睛只看到周围很现实的东西的一群人了。至少，有一部分中国人开始思考更终极的问题，思考全人类都关心的问题。这些问题可能是长远的现实，也可能就是一个纯哲学的问题。

不管是《三体》，还是其他科幻作品、科幻电影也好，在中国，它的市场开始出现热潮有一个深层的因素。就像20

世纪80年代那次科幻热潮一样,它的直接背景和推动力就是当时郭沫若说的"科学的春天",长期的科学低潮之后,人们开始关注科学技术。中国现代化进程带给了人们新的精神状态,这就是科幻热的原因。

另外一个因素是影视改编。虽然目前中国的科幻题材影视作品还很少,但据我了解,已有很多人在幕后做准备。他们筹备的力度、参与人员的级别,包括背后的公司实力都很强大。可以预见,在近年内,中国的科幻影视可能有一个突飞猛进的发展,这样当然也可以带动科幻的创作。

但现在,科幻文学面临的一个本质困难是科幻与科技的关系。科学在飞速发展,它不断地提供越来越多的故事题材和想象力题材。但是作为科幻作者,如何把这种题材变成文学的表现,确实是一个相当困难的事情。首先,现在最前沿的一些理论,科幻作家很难懂得它,更不用说去表现它,把它变成读者还能懂的东西。现在的科学与古典科学不一样,古典科学只要你下功夫,就能把它搞懂。现在的科学用到的数学语言已经相当复杂了,一般人凭自己的努力很难搞懂。这个仅靠科普是远远不够的。

三

科幻是文学,未来学是科学,这是很不一样的。未来学产生是由于科幻作家,特别是威尔斯的一系列作品,证明人类可以通过某种方式思考未来,这样才产生了未来学这个领域。后来到了20世纪三四十年代未来学成形以后,主要用科学的方法去做推论。科幻文学体现的实际上是科技的变化，比如网络的变化，科幻文学要把这个东西写出来。而未来学只推想一个方向，做预测。同时，科幻文学有好多想法源于直觉。

科幻文学的思想方法是介于科学和文学之间的很奇怪的思想方法，既不像科学那么严谨，也不像文学那么随意。未来学一般用线性思维做推断，但科幻不是线性的，它可能是曲线型的、跳跃的。科幻文学对于未来，从整体上来说，有一种排列属性。什么叫排列属性？一般来说，未来学确定一种未来，推导一种未来。科幻文学是我们可以看到的未来，是将可能的未来摆在我们面前，这是科幻文学的一种视角。

另外，人们总在争论科幻文学是不是儿童文学，这个问题本质上就像争论科幻是以文学为主还是以科学为主一样，是一个伪命题。我认为，科幻文学和儿童文学划为一类是个伪命题，因为科幻文学可以有属于儿童文学的那部分，也可以有属于成人文学的那部分。而且，儿童科幻也属于少儿文学很重要的一部分。儿童文学的市场很大，可以作为科幻一个很重要的基础。遗憾的是，现在国内从事少儿科幻创作的人还是很少。

从思想上将科幻文学与儿童文学区分开，大概源于科幻文学不愿接受读者低龄化。其实，读者低龄化不是中国科幻的缺陷，相反是它的优势。西方科幻文学读者都是中年或以上的读者群，这反而不是一个很乐观的状况。

混沌中的科幻

蓉城笔会期间，在青城山上的一个深夜，我第一次倾听中国最优秀的科幻作者们谈他们的科幻思想，有许多高大的柱子围绕着我们，柱子上有繁星般的点点灯光，使人如同置身外星世界。他们对科幻思考的深刻、严肃和执着给我留下了深刻的印象，并深深打动了我。相比之下，我对科幻的思考是混乱和漫不经心的，现在既然《星云》杂志让我谈这些思考，只好让大家领略一下这种混乱了。

一、科幻为什么能存在

任何一门艺术的存在，都是因为它有着某种别的艺术不具备并且无法代替的东西，这种东西就是这门艺术的灵魂。科幻的灵魂是什么？

首先，不是其中的文学人物。人物的刻画对科幻小说来说十分重要，但同纯文学不同，大部分科幻名著并不是由于其人物而流传下来的，科幻历史中也没有形成纯文学历史中那样鲜明而多彩的人物画廊，在一些科幻小说中，如阿瑟·克拉克的《诅咒》，根本没有人；在更极端的例子中，如博尔赫斯的《巴别图书馆》，连具有人性的替代物都没有。

其次，也不是幻想。在人类上古时代的文学中早已充满了幻想，那不是什么稀罕东西。

但没有任何一种文学与科学如此天衣无缝地融为一体，科幻的灵魂是科学。

科幻小说的另一个独有的优势是它极其广阔的视野。一部《战争与和平》，洋洋百万字，也只是描写了一个地区的几十年的历史；而像阿西莫夫的《最后答案》这样的科幻小说，在短短的几千字内生动地描述了包括人类在内的整个宇宙几十亿年的历史。如此的包容量和气魄，是传统文学不可能达到的。科幻的视野能到达传统文学不可能到达的时空范围，科幻是最大气的文学！

二、科幻美学原理

写下如此"伟岸"的标题，连我自己也不好意思，但想想今后相当长的一段时间里，国内不会有以此标题为封面的巨著，所以也就厚着脸皮写下去了。

科幻的灵魂是幻想（混乱开始了），科幻小说的成功，在很大程度上取决于其幻想的奇丽与震撼的程度，这可能也是科幻小说的读者们主要寻找的东西。问题是，这种幻想从什么地方才能找到？世界各个民族都用自己最大胆最绚丽的幻想来构筑自己的创世神话,但没有一个民族的创世神话如现代宇宙学的大爆炸理论那样壮丽,那样震撼人心;生命进化漫长的故事,其曲折和浪漫,也是上帝和女娲造人的故事所无法相比的。还有广义相对论诗一样的时空观,量子物理中精灵一样的微观世界,这些科学所创造的世界不但超出了我们的想象,而且超出了我们可能的想象。如果没有科学,我们把自己的脑髓蒸干也无力创造出这样的幻想世界来。所以,科学是科幻小说力量的源泉。

科学是一座美的矿藏,但科学之美同传统的文学之美有着完全不同的表现形式,科学的美感被禁锢在冷酷的方程式中,普通人需经过巨大的努力,才能窥她的一线光芒。但科学之美一旦展现在人们面前,其对灵魂的震撼和净化的力量是巨大的,某些方面是传统文学之美难以达到的。而科幻小说,正是通向科学之美的一座桥梁,它把这种美从方程式中释放出来,展现在大众面前。

甚至技术也蕴含着巨大的美感,诗人奥斯卡·王尔德在20世纪末曾这样表述过对美国的印象:"我一直期望相信,力的线条也是美的线条。在我注视着美国机器的时候,这一期望得到了实现。直到我见到了芝加哥的供水系统,我才意识到机器的奇妙;钢铁连杆的起落,巨大轮子的对称运动,是我见过的节奏最美的东西……"

比起科学之美来,技术之美更容易为大众所感受。当一个小男孩(女孩我不知道)第一次被带到一个大机器前时,很难想象他不会感觉到一种发自内心深处的震撼。我至今还清楚地记得,当自己第一次看到轰鸣的大型火力发电机组时,当第一次看到高速歼击机在头顶呼啸而过时,那种心灵的震颤,这震颤只能来自对一种巨大的强有力的美感的深切感受。任何一个最平庸的男人,当他看到一幅航空母舰或太空飞行器的照片时都会不由自主地眼睛一亮,是什么吸引了他?当一个小男孩偷偷旋开爸爸的手表,敬畏地看着那些微小的精美零件在那小小的空间中忙碌时,他是否在读着一首歌颂技术之美的诗呢?这次从成都回家经过三峡,当船驶过三峡工地巨大的水泥构筑物时,当葛洲坝船闸高大的钢门缓缓关闭时,我看到了船上人们敬畏的眼神。这种敬畏是发自内心的,它包含了对技术之美的感受和认可。技术之美产生了多种技术崇拜,常见的有高速行驶器(如赛车、赛艇和飞行器等)崇拜和武器崇拜。当然,这两种崇拜还有其他的原因,但不可能否认技术之美在其中的作用。比起科学美,技术美更不为文学家所承认,甚至把它同丑陋连在一起,这其中可能有技术带来的副作用的影响,但技术本身的美感是无法否认的,技术之美的另一个最奇特、最不可思议的特征是它的性别取向,它似乎只影响男性,关于这点说下去就偏了深了,我也不甚了了。

科学之美和技术之美,构成了科幻小说的美学基础。离开了这个基础,科幻小说很难展现出自己独特的美。

现在,前卫的科幻时时在涌现,但其中科学和技术的影子越来越淡;科幻的定义时时在变,每变一次离科学就远一步。我伤心而无奈地看着这种变化。

三、以上的论点都不正确

上面所描述的，只是我自己想读和想写的那种科幻小说。如某位有识之士指出的那样，科幻小说中的科学和技术内核，是科幻迷读科幻的原因，同时也是大量其他读者远离科幻的原因。而现在的中国科幻事业，首要任务是争取读者。同时，在西方，科幻的范畴在急剧扩大，不管愿不愿意，我们必须去接触和欣赏那些新型的前卫的科幻小说。在这里，我想介绍一篇这样的科幻，借以说明自己的想法。

这个短篇叫《耳朵》，是一个名不见经传的作家史蒂夫·里斯伯格写的，其中有这样的故事：一名医生给一位怀着双胞胎的孕妇诊断，这名孕妇来自战乱的波黑，目睹和经历了战争的血腥和残酷，精神受到了很大的刺激，同时她的营养状况很差，两个胎儿中只能存活一个。小说的前半部分描写医生给孕妇诊断的细节，平平淡淡，似乎没什么看头，但后来，一个噩梦般的震撼人心的情节出现了：当医生仔细观察孕妇的超声波照片时，看到在营养不良的子宫中，两个胎儿为争夺生存的权利进行着残酷的搏斗，其中一个胎儿正在用脐带把他的孪生兄弟勒死！

这是我读过的最恐怖的一篇科幻小说，它像一把灼热的烙铁，在任何读过它的人的脑海中烙下深深的印记。当然，我们可以给小说中加上一些"硬"科学，我们可以解释母亲的精神影响到血液成分，进而影响到胎儿云云，但任何科学解释在这篇小说中都是画蛇添足，只会削弱它的力量！从上面已经看到我的科幻观混乱到什么程度,这也可能是中国科幻思潮的一种反映。但目前科幻思潮的这种混乱,更像是一种混沌,宇宙大爆炸后几分钟的那种混沌。希望很快在混沌的时空发生扰动,宇宙尘开始凝聚,使中国科幻的宇宙中充满灿烂的星群。

重建科幻文学的信心

在《三体》的第三部出版之前,我和出版方都没有对它寄予比前两部更大的希望,按照系列小说的规律,后面总是向下走的,所以我们是抱着一种善始善终的心态。作为作者的我在开始写作时就意识到这点,因而没有像前两部那样过多地考虑科幻圈外的读者,只想写成一部更纯的科幻小说。《三体Ⅲ》赢得较好的反响确实是大家都没有想到的,但我并不因此认为它开创了国内科幻文学的一个新时代,因为它发表的时间还不长,是否具有长远的效应还有待观察。我从20世纪70年代就开始关注国内科幻的发展,大部分时间是作为一个旁观者,后三分之一的时间是作为参与者,在这三十多年的风风雨雨中,国内科幻的大部分事情可以用一部电影中的话来描述:轰轰烈烈地开场,热热闹闹地进行,凄凄惨惨地收尾,只落得一声叹息。但愿这次是个例外。

在"三体"系列中,《死神永生》是最具科幻色彩的一部,更准确地说,是最具科幻迷色彩的一部。它是古典理念上的科幻，是技术内核的科幻，是王晋康老师所定义的核心科幻，是"原教旨主义"的科幻……一句话：它是符合我们科幻迷偏激定义的那种科幻小说。而在《三体》的三部中，《死神永生》曾被业内人士认为是最不可能赢得"非科幻"读者的，所以这确实是一个惊喜。

我注意到，有相当一部分"圈外"读者是在没有看过前两部的情况下直接看第三部的。我问过两个读过此书的"非科幻"读者，他们也说从情节上看不懂，接着问那是什么吸引他们看下去，他们说是其中的科幻。这让我很激动。

科幻迷是"正常的儿童"

科幻迷一直是一个顾影自怜的群体，我们一直认为自己生活在孤岛上，感到自己的世界不为别人所理解，认为在世人的眼中我们是一群在科学和文学上都很低幼的、长不大的孩子。即使在科幻文学的范围内，我们也是一座孤岛，作家和评论家们认为我们对科幻的定义太偏执、太狭隘，是让科幻被主流承认的一个障碍；甚至连罗伯兹这样科幻迷出身的科幻研究学者，也认为科幻迷群体以及这个群体"偏执狭隘"的科幻观的存在对科幻文学害处大于益处。于是，我们所热衷的坎贝尔的科幻理念渐渐被抛弃，连我这样自诩为最顽固的科幻迷也一度对传统的科幻理念产生了怀疑，怀疑它是不是真的失去了号召力。

现在看来不是，科幻迷心目中古典意义上的科幻仍能够吸引大众读者，我们的世界中的美仍能被这个新时代所感受,我们并不是一群孤僻的怪人。如果说我们是孩子,那也是一群"正常的儿童"(马克思形容古希腊文明时所用的词)。这也让我想起一位哲学家的话:一个纲领,无论多么过时,也不能断言它失去了活力。

至于中国科幻文学以后的道路怎么走,我想这不是能够简单回答的问题,但有一点:有些科幻文学的问题我们可以停止讨论了,因为这些问题从我在20世纪70年代关注科幻时就已经开始热议,如果一个科学问题三十多年都没有结论,那更提升了它的价值;但如果文学问题讨论三十多年都没结论并且对这个文学体裁本身也没有多少促进的话,就可以放弃它了。诸如此类的问题:在科幻小说中是科学重要还是文学重要?科幻中的科学应该是正面的还是负面的?……其实都是伪命题。有些科幻小说科学构思占主要地位,另一些文学占主要地位;有一些作品是乐观地描述科技带来的美好未来,另一些描述科技可能存在的黑暗面。卡德说过,各种文学体裁其实像一个个不同的笼子,有纯文学的笼子,也有科幻、侦探、言情的笼子,读者和评论家们把不同类型文学的作者关进不同的笼子,然后就不再管他们在笼子里做什么了,而科幻作者往往发现笼子里的世界比外面还大。我觉得他道出了科幻文学本质的东西,这种现在连公认的定义都没有的文学并不存在一个明显的边界,有着广阔的发展空间。甚至有人说,现实主义的主流文学不过是科幻文学的一个子集,科幻有描写未来的,也有描写过去的,那么描写现实的科幻文学就是主流文学了,毕竟现实主义文学并不是抄写现实,它的内容也是经过想象加工的。

科幻是内容的文学，不是形式的文学

那么，科幻文学中不同风格和流派的作品是否还存在着共性的东西呢？我认为最重要的共性是：科幻是内容的文学，不是形式的文学。目前，主流文学日益形式化，讲什么不重要，关键是怎样讲；但对科幻文学来说，讲什么是最重要的。有评论家认为，到今天，主流文学的故事已经讲完了，只能走形式化的道路。但科幻的故事还远远没有讲完，在可见的未来也不会讲完。科幻文学的最大优势就是其丰富的故事资源，这种资源由科学技术的进步在源源不断地提供着。比如在文学中被称为永恒主题的爱情，在主流文学中就呈现为一个由男女人物构成的矩阵中各个元素的排列组合，但在科幻中则可以出现第三种甚至更多的性别，还可以出现人与智能机器或外星人之间的爱情。所以，科幻文学中的故事资源是任何其他文学体裁远远不能比拟的，科幻文学不能急着去走形式化这条艰难的道路。

更重要的是，在风格日益多样化的科幻文学中，仍然存在着我们需要坚持的东西，或者至少需要一部分作者去坚持的东西。对于传统类型科幻而言，我们不应该用美国科幻文学目前的状况来看国内，国内的科幻文学仍处于初级阶段，读者对传统型科幻的欣赏刚刚起步，远谈不上审美疲劳的问题。现在，科幻与奇幻两种文学确实有融合的趋势，但传统的、核心的科幻，无论在理念上还是在具体作品上仍然存在，且仍然作为科幻文学存在的依据和基石。有一个作者在

谈到这个话题时说得好：不能因为黄昏和清晨，就否定白昼与黑夜的存在。这是"三体"系列的成功带给我们的启示。

现在，科幻文学面临的最大威胁不是科幻的缺失，而是科幻的泛化。科幻作为一种文化，已经渗透到社会生活的方方面面，在社会生活的各个领域都能看到科幻的符号大量存在，这反而冲淡了科幻作为一种文学的色彩浓度，这也就要求我们更加坚持和强调科幻文学的核心理念，使科幻文学成为一种具有鲜明特点的存在。

想象一个具有美感的理想社会

在过去的时代，在严酷的革命和战争中，有很多人面对痛苦和死亡表现出惊人的平静和从容。这种令人难以置信的精神力量可能来源于多个方面：对黑暗社会的痛恨、对某种主义的坚定信仰，以及强烈的责任心和使命感等等，但其中有一个因素是最关键的——一个理想中的美好社会在激励着他们。

重温这百余年的科幻小说，我们如同走在一条黑暗、灾难和恐怖筑成的长廊中。科幻小说家们对于阴暗的未来有着天生的感悟力，几乎所有科幻小说的顶峰之作都是在对这种未来的描写中产生的。在对未来的黑暗和灾难的描写中，他们创造了最让人难忘的幻想世界，挖掘了最深刻的主题，这些黑暗和灾难，直看得人心灰意冷，直看得人汗毛倒立。应该承认，黑暗未来是科幻中极有价值的主题，这种描写像一把利刃，可以扎到很深的地方，使人类对未来可能的灾难有一种戒心和免疫力。

但是，每个人之所以能忍受各种痛苦，走过艰难的人生之路，全人类之所以能在变幻莫测的冷酷大自然中建起灿烂的文明，最根本的精神支柱就是对未来的憧憬；如果所有的希望都已破灭，可能一只蚂蚁都难以生存下去。只描写人类刻意避免的世界，而不描写人类做出了难以想象的巨大牺牲、世世代代用全部生命去追求的世界，这绝不是完美的科幻。从社会使命来说，科幻不应是一块冰冷的石头，无情地打碎人类的所有梦想，而应是一支火炬，在寒夜的远方给人以希望；从文学角度讲，真正的美最终还是要从光明和希望中得到。

把美好的未来展示给人们，是科幻文学所独有的功能，在人类的文化世界绝对找不出第二种东西能实现这个目标。人类生活最基本的寄托是对未来的希望，而唯一能把这种希望变成鲜活的图景的科幻文学在这方面无所作为，不能不说是一个极大的遗憾，这种遗憾可能已远远超出了科幻的范围，它可能是人类精神生活中一个惨痛的损失，因为在这方面，科幻是无可替代的。

对灾难的想象说不定每个人在子宫中就开始了，以后可以毫不困难地把这种想象延伸到几百亿年之后（比如宇宙场缩或热寂什么的）；但对理想世界的想象就是这么艰难，只能比现实稍前一步。

那么理想社会究竟是什么样呢？没有绝对的理想社会，它就像吊在拉车的毛驴前面的一小捆青草，你走它也走。对公元前的奴隶来讲，我们已经是理想社会了。我们只能够想象我们能够想象,并且经过努力,能在小说中引起读者共鸣的那些。

有一点可以肯定:理想社会是有灾难的,事实上,可能只有在人类被不可抗拒的大灾难毁灭前的一天,理想社会才能真正显示出它的优越来。我同别人一样,想象一个真正具有美感的理想社会是十分艰难的,我只做了一小点尝试。我坚信,最美的科幻小说应该是乐观的,中国的科幻作者们应该开始描写美好的未来,这是科幻小说的一个刚刚开始的使命。这个使命可能只能由中国人完成,因为同西方文化相比,中华文化是乐观的文化。

被忘却的佳作

春节放假闲来无事,把自己中学时代看过的至今已被遗忘的科幻小说回忆一下,至今仍被传诵的经典就不提了,只提那些已被人忘掉的。绝对不查资料,只凭记忆,这些都是二十年前的作品,如果二十年后还能记起来,那应该算是佳作了。如果大家还能想起别的来,欢迎补充!

首先回忆中国的第一部科幻电影。《大气层消失》?不是;《珊瑚岛上的死光》?也不是;《霹雳贝贝》?更不是!中国科幻电影的开山之作是《小太阳》,拍摄时间让人吃惊:20世纪50年代中期!内容同样让人吃惊:与拙作《中国太阳》相似,描写中国人在太空轨道上建造反射镜,但目的比《中国太阳》更合理,是为了增加农作物产量。虽然这部影片是少儿科幻,但色彩绚丽,风格清新,更重要的是,与前面那几部科幻片相比,它具有更大的科幻内核。这部电影在国内科幻界本该大书特书,但我对包括姚海军在内的多个中国科幻史专家提起过它,竟无一人知晓!中央电视台电影频道在几年前曾在不引人注意的时间以不引人注意的方式不引人注意地播出过一次,以后就销声匿迹了。这可以说是中国科幻电影的伤心者了,但愿它的拷贝还在电影厂的资料库中保存着,相信总有一天它会被国内科幻迷们怀着敬意瞻仰的!

《遥远的迭达罗斯》(《科幻海洋》),中国唯一一部科幻话剧剧本,讲述人类因地球污染而移居太空的故事。思想深刻,放到今天也是佳作,特别是最后一幕——地球上唯一的老者在河边钓鱼的诗意场景,至今不能忘怀。

《最后一名癌症死者》(《科学文艺》),科幻电视剧本,讲述从鲨鱼身上提取治癌药物的故事。各方面都十分出色,当时被奉为经典,曾被拍成中国第一部科幻电视剧,但拍得很次。

《青春》系列(载于当时一个很重要的大型文学刊物上,只出了该系列的第一部),中国长篇,描写苏联在太空中建立庞大的军事基地,企图从太空攻击地球,中国宇航员发现了该基地,最后将其摧毁。该小说构思宏伟,场景广阔。记得当时在班上引起很大轰动,一本书大家抢着看,读得如痴如醉,但后来不知为什么很快被人忘掉了。

《回来吧,罗兰》,中国长篇,描写把一个什么科学家的生病的女朋友冻起来,在遥远的未来这人老了以后又解冻的故事。小说很差,让人读不下去,记住它的原因是当那个女的苏醒后,一个领导人对男主人公说的一句在当时看来也肉麻搞笑的话:"同志啊,你为实现四个现代化做出了贡献,祖国也将还给你爱情和幸福。"那个女的醒来时芳龄二十,男主人公已经老得快入土了,不知这爱情将如何进行。

《驯火者之死》(出处不名)，描写一个发明家发明了一种超级冷却衣，能使人进入火海，当宇宙飞船失火后，这人穿着那身衣服去救火，最后不是被烧死了，而是被那衣服冻死的。这是一篇在今天看来仍很出色的小说，在当年的《科学神话》(当时的一本大型总结性年度科幻作品集)中作为首选佳作。

《人口大爆炸》，中央电视台的单本科幻电影剧，只是听说过，但没有看过，现在对这件本应很重要的事情记忆很模糊，连它是否真的存在都不确定了。

《沙洛姆教授的失误》(《人民文学》)，经典之作，讲述一个人工智能科学家企图制造具有人类感情的机器人而最终失败的故事，在文学性上很优秀。

《遥远的爱》(出处忘了)，这篇大概还没被忘记，童恩正的经典之作，也算是爱情科幻的早期作品了，描写一个人类科学家与一个沉睡在海底外星美人的爱情故事，一篇诗一般美的故事。值得一提的是，《中国青年报》居然为这篇短篇小说的发表发了一个消息，可见当时科幻小说的影响。

《桥》(出处忘了)，中国中篇，是国内第一部战争科幻小说，苏联军队以伞兵突袭，然后大军攻入中国境内，占领一座城市后逼迫一名工程师为部队架桥，那个工程师用了一种会蒸发的建筑材料，使桥建好后在瞬间消失。这篇小说曾被权威的《新华文摘》转载。

《贝塔这个迷》(《科学文艺》)，中国短篇，机器人小说，描写一个机器企图叛逃到苏联的故事。当时影响很大，被奉为经典，后来阿西莫夫的小说传入后，才发现该文出色构思的真正出处。

《温柔之乡的梦》(载于一家主流文学刊物)，魏雅华的一篇机器人小说。讲述一个以机器人为妻的时代，主人公被机器美人惯坏了的故事。无论在思想性还是在文学性上，都是绝对的佳作，放到今天，在同类题材上也无人能够超越。后来好像又出了续集。该文在当时的主流文学界也影响巨大，曾为当时对科幻作品的无情打击提供了口实。

《远古的石头》(好像是这个名字，也是载于一个主流文学刊物)，魏雅华的另一篇科幻小说。描写一个姑娘得到了一块来自太空的奇石，她到自由市场上卖，出价十万，一些苏联人想买但她不卖，要拿被他们抢走的中国领土交换……水平上远不如《温柔之乡的梦》，但文学技巧也比今天的大多数科幻小说高。

《消失的海岛》(好像是这个名字，载于一本科幻小说集上)，中国中篇，讲述一群纳粹残余在一个不为世人所知的海岛上建立秘密基地的故事。一名音乐家不慎落入该岛，最后偷了一艘纳粹的钻地车逃出来。该文情节很吸人，对环境的描写手法老道。

《××号区域》(《萌芽》)，大洋中部突然出现了一块新的土地，两个中国人首先踏上了那块土地，但被一支后来上去的苏联特种部队干掉了一个。类似的作品还有《消失的魔影》，描写苏联人用一种普通动力的飞行器在百慕大三角地区装神弄鬼，甚至用微波将一艘船上的人全部杀死。这是当时主流文学刊物上大批刊登的科幻小说中的两篇，奇怪的是，这些小说比科幻刊物上的作品看起来更接近通俗文学。

《金玉米》(《科学文艺》),好像是这个名字,一名日本老兵回到他曾作战的中国农村地区,在那里种一种高产玉米,然后高价回收,说是赎罪,后来发现原来这里的土壤中富含金元素,这种玉米能够从土壤中大量摄取金子……十分有趣的一个故事,被忘掉真是可惜。

《沙罗教授的臭虫》(《科学文艺》),一名苏联科学家发明了一种能够跟踪人迹的小机器人,用于在非洲丛林中追踪反政府游击队,结果好像被修改了程序,把政府军引入埋伏圈。

《寻找失踪者》(出处忘了),是当时中国一流主流作家孟伟哉写的一部长篇科幻,没写完,其中人物形象生动,但处处是常识性错误,科幻描写笨拙不堪,后来常被人作为主流文学家写不了科幻的例子。

《XT方案》(出处不明),中国短篇,拖运南极冰山,用其制冷以消灭台风,科幻构思十分出色。

《吐烟圈的女人》(《科学文艺》),中国短篇,使城市中大型烟囱像吐烟圈一样排气,这样烟气环可以上升到高空并飘得很远,不会污染城市空气。典型的技术型科幻,构思出色,但篇幅太短,没有展开。

《甜甜的睡莲》(《科学画报》),中国短篇,利用麻风病细胞的侵蚀性和癌细胞的速生性进行整容手术,科学性和文学性结合得很好的一篇作品。

《无量石》(《科幻海洋》),中国短篇,描写一块能感知人的才能的石头在众人的妒忌心作用下烧毁的故事。

《绿色人》,好像是这个名字,中国中篇,描写苏联通过基因工程培育出一批皮肤能光合作用的人，作为特种部队潜入中国，最后被全歼的故事。

以下是外国的：

《神秘的马希纳》(《科学画报》)，一篇来自某个东欧国家的很平庸的机器人小说，讲述一个机器人因看多了侦探故事而犯抢劫罪的故事。之所以记住它，是因为它在20世纪80年代国内攻击科幻创作的评论文章中被多次提到，说这篇小说除了讲述机器人会看书会犯罪外，没有任何科学知识，以作为科幻小说没有价值的例子。

《崩溃》，美国长篇，描写很近的未来，西方世界的经济全面崩溃，整个社会陷入混乱的深渊，多亏了中国人（不错，是中国人）在以前的几年中悄悄屯集财富，才使世界得以拯救。这本长篇很早就被翻译到国内，现在看来很像目前网上那些中国人自己写的YY小说。

名字忘了，描写一个人试图控制自己身体的各种自然功能，比如心跳和内分泌等，结果导致身体系统紊乱，险些因此丢了命。

《铁栏帝国》(《科幻海洋》)，好像是这个名字，美国中篇科幻小说，描写遥远世界中的一个被奴役的民族集体出逃，寻找同族人在遥远的银河之角建立的强大帝国，经过多年航行，终于到达梦中的帝国，却发现那些强大的同族人同奴役自己的铁栏帝国统治者一样凶残。很大气，情节引人。

《水星之旅》(《科幻海洋》)，好像叫这个名字，美国短篇，讲述一对兄妹在水星上的遇险故事，其中关于水星上水银湖的描述十分美，本篇也是世界科幻的名作。

《时光倒流》(《科幻海洋》),美国短篇小说,没有任何技术背景的时光倒流的人生故事,开头是从坟里面把死人挖出来复活。

我的科幻之路上的几本书

书籍对每个人的影响是方方面面的,但决定自己人生道路的那些书才是最重要的。作为一名科幻作者,我只想列出使自己走上科幻之路的那些书。

儒勒·凡尔纳的大机器小说。凡尔纳的科幻小说从描写对象来说分为两大类:一类是科学探险小说,另一类是描写大机器的小说。后者更具科幻内容,主要有《海底两万里》《机器岛》《从地球到月球》等。这类小说中所出现的大机器,均以18世纪和19世纪的蒸汽技术和初级电气技术为基础,粗陋而笨拙,是现代技术世界童年时代的象征,有一种童年清纯稚拙的美感。在凡尔纳的时代,科学开始转化为技术,并开始全面影响社会生活的进程,这些大机器所表现的是人类初见科技奇迹时的那种天真的惊喜,这种感觉正是科幻小说滋生和成长的土壤。直到今天,19世纪大机器的美感仍未消失,具体的表现就是科幻文学中近年来出现的蒸汽朋克题材。在这类科幻作品中,展现的不是我们现代人想象的未来，而是过去（大多是18世纪末和19世纪上半叶）的人想象中的现在。在蒸汽朋克影视中，我们可以看到蒸汽驱动的大机器，像巡洋舰般外形粗陋的飞行器，到处是错综的铜管道和古色古香的仪表。蒸汽朋克是凡尔纳作品中的大机器时代在想象中的延续，它所展现的除了大机器的美，还有一种怀旧的温馨。

阿瑟·克拉克的《2001：太空漫游》（以下称《2001》）则是另一种类型的科幻小说，同为技术型科幻，它与凡尔纳的大机器小说却处于这一类型的两端，后者描写从现实向前一步的技术，前者则描写在时间和空间上都趋于终极的空灵世界。读这本书是在1980年代初，这是我看到的第一本在不算长的篇幅中生动描写人类从诞生到消亡（或升华）的全过程的小说，科幻的魅力在其中得到了淋漓尽致的表现，那上帝式的视角给了我近于窒息的震撼。同时，《2001》让我看到了一种完全不同的文笔，同时具有哲学的抽象超脱和文学的细腻，用来描写宇宙中那些我们在感观和想象上都无法把握的巨大存在。克拉克的《与拉玛相会》则体现了科幻小说创造想象世界的能力，整部作品就像一套宏伟的造物主设计图，展现了一个想象中的外星世界，其中的每一块砖都砌得很精致。同《2001》一样，外星人始终没有出现，但这个想象世界本身已经使人着迷，如果说凡尔纳的小说让我爱上了科幻，克拉克的作品就是我投身科幻创作的最初动力。

反乌托邦三部曲。奥威尔的《1984》、赫胥黎的《美丽新世界》和扎米亚京的《我们》只被划定为科幻的边缘，但我从中看到了科幻文学的另一种能力，就是从传统现实主义文学所不可能具备的角度反映和干预现实的能力。《1984》在文学界没有很高地位，它的影响主要在政治和社会学领域。在刚刚闭幕的成都科幻大会上，甚至有些作家认为，正是《1984》的出现，使真正的1984没有成为《1984》。这当然有些言过其实，但科幻文学除了带给人想象的享受外，还有其他文学体裁所达不到的现实力量。在我和江晓原教授的讨论中，我们都承认，反乌托邦三部曲中看似最黑暗的《1984》，实际上是三个想象世界中最光明的一个，其中的人性虽然被压抑，至少还存在；而其他两个世界中，人性已在技术中消失了。这种黑暗是现实主义文学不可能表现出现的。

从文学角度看，托尔斯泰的《战争与和平》与赫尔曼·沃克的《战争风云》系列不是一个档次的作品，但我所关注的是它们所共有的鸟瞰全局的视角，它们都是全景式描写人类战争的小说，与那些以个人感觉为线索的小桥流水的精致文学相比，这样的巨著更能使人体会到人类作为一个种族的整体存在，这也恰恰是科幻文学的视角。

阿西莫夫的《自然科学导游》是一大部流水账式的东西，但确实也没有见到还有哪部科普作品对现代科学有这样系统的介绍。卡尔·萨根的《宇宙》《伊甸园的飞龙》也是较早进入国内的西方科普名著，虽然现在看来在理论的新颖上有些过时，但它在对科学的描述中引入了美学视角。这在今天看来不足为奇，但在20世纪80年代初期真的为我打开了看科学的第三只眼。

道金斯的《自私的基因》最大的特点就是冷，比冷静更冷的冷。它不动声色地揭示了生命的本质，尽管这种结论不一定正确，却告诉了我们一种可能：生命和人生以及世界与文明的最终目的，可能是我们根本想不到的东西。而辛格的《动物解放》则相反，把平等和爱撒向人类之外的芸芸众生，同样使我们从一个以前没有过的高度审视人类文明。不管怎么说，这两本书都很"科幻"。

但最科幻的是保罗斯的《宇宙最初三分钟》和《宇宙最后三分钟》，保罗斯用诗样的语言描述宇宙初生和垂死之际的极端状态，这时的世界离现实是那样的遥远，却可能是真实存在的。在我们无法经历的时间里，带我们去我们永远无法到达的地方，这是科学与科幻的最大魅力，不得不承认，在这方面科学做得更好。

世界各个民族都用最大胆最绚丽的幻想来构筑自己的创世神话，但没有一个民族的创世神话如现代宇宙学的大爆炸理论那样壮丽、那样震撼人心；生命进化漫长的故事，其曲折和浪漫，与之相比，上帝和女娲造人的故事真是平淡乏味。还有广义相对论诗一样的时空观，量子物理中精灵一样的微观世界，这些科学所创造的世界不但超出了我们的想象，而且超出了我们可能的想象。这种想象是人类的神话作家们绝对无力创造出的。但科学的想象和美被禁锢在冷酷的方程式中，普通人需经过巨大的努力，才能窥到她的一线光芒。而科学之美一旦展现在人们面前，其对灵魂的震撼和净化的力量是巨大的，某些方面是传统文学之美难以达到的。科幻小说正是通向科学之美的一座桥梁，它把这种美从方程式中释放出来，以文学形式展现在大众面前。

重返伊甸园
——科幻创作十年回顾

从事科幻创作已经十年有余，这期间一直感觉自己在坚守着最初的创作理念，走着一条直线，直到为写此文对自己的创作历程进行了一番回顾和总结，才发现这十年的路其实是很曲折的，更令我不安的是，自己在走向一个错误的方向。

从思维方式上，我的科幻创作大概可以分成三个阶段。

第一阶段：纯科幻阶段

那时，自己由一名科幻迷成为科幻小说作者，创作理念的最大特点是：对人和人的社会完全不感兴趣。按照传统的文学理念，对于一名小说作者，这一点要么不可思议，要么大逆不道，但我的创作之路确实就是这样开始的。

那时创作的核心目标，可以引用当时自己一篇文章中的一段话：科幻小说的成功，在很大程度上取决于其幻想的奇丽与震撼程度，这可能也是科幻小说的读者们主要寻找的东西。问题是，这种幻想从什么地方才能找到？世界各个民族都用自己最大胆最绚丽的幻想来构筑自己的创世神话，但没有一个民族的创世神话如现代宇宙学的大爆炸理论那样壮丽，那样震撼人心；生命进化漫长的故事，其曲折和浪漫，也是上帝和女娲造人的故事所无法相比的。还有广义相对论诗一样的时空观，量子物理中精灵一样的微观世界，这些科学所创造的世界不但超出了我们的现实，而且超出了我们可能的想象。所以，科学是科幻小说力量的源泉。但科学之美同传统的文学之美有着完全不同的表现形式，科学的美感被禁锢在冷酷的方程式中，普通人需经过巨大的努力，才能窥她的一线光芒。而科幻小说，正是通向科学之美的一座桥梁，它把这种美从方程式中释放出来，展现在大众面前。

体现这种科幻理念的作品，是两篇很短的小说——《微观尽头》和《坍缩》，前者描写人类对基本粒子微观尽头的作用转而放大到宇宙尺度，后者描写宇宙由膨胀转为坍缩后时间倒流的现象。这是两篇很纯的科幻小说，可以说其中除了科幻构思外再没有其他东西。

这一时期的另外两篇重要小说是《梦之海》和《诗云》，我认为这是最能够反映自己深层特色的作品。这两个短中篇描述了两个十分空灵的世界，在那里，一切现实的束缚都被抛弃，只剩下在艺术和美的世界里的恣意游戏，只剩下宇宙尺度上的狂欢。

但这种创作是难以持久的。事实上，我在创作伊始就意识到科幻小说是大众文学，自己的科幻理念必须与读者的欣赏取向取得一定的平衡。在以纯科幻的方式写出上述几篇小说的同时，我已经在做着这种努力，具体体现在《鲸歌》和《带上她的眼睛》两个短篇上。但这两篇的完成只是对市场的一种被迫的妥协，特别是《鲸歌》，完全体现了通俗文学的精神，以故事为主体，在自己以后的创作中再也没有出现过类似的作品。

人和人的社会开始进入我的科幻世界，后来由被迫变成自觉，这就是本人科幻创作的第二个阶段。

第二阶段：人与自然的阶段

这期间，自己的科幻创作由对纯科幻意象的描写转而描述人与大自然的关系。这一阶段延续了很长时间，创作了本人已有作品中的大部分，我一直认为自己迄今为止最成功的作品都出自这一阶段。

这一阶段的代表作有短中篇《流浪地球》和《乡村教师》，长篇《球状闪电》和《三体》第一部。

在《流浪地球》中，第一次把宏观的大历史作为细节来描写，即本人后来总结的"宏细节"，使得对历史的大框架叙述成为小说的主体，这是幻想文学独有的叙事模式，在描写现实的主流文学中是不可能出现的。

在《球状闪电》中，塑造了一个非人的科幻形象——球状闪电，并使其成为小说的核心形象。小说集中描写了这个科幻形象与传统的人的文学形象之间的相互作用。

在《三体》第一部中，则尝试以环境和种族整体作为文学形象，描写了拥有三个恒星的不稳定的世界和其中的文明种族，这个外星世界和种族都是作为整体形象描述的，在这样的参照系中，按传统模式描述的人类世界也凝缩为一个整体形象。

这一阶段的共同特点，就是同时描述两个截然不同的世界：一个是现实世界，灰色的，充满着尘世的喧嚣，为我们所熟悉；另一个是空灵的科幻世界，在最遥远的远方和最微小的尺度中，是我们永远无法到达的地方。这两个世界的接触和碰撞，它们强烈的反差，构成了故事的主体。与第一阶段相比，科幻的风筝虽然仍然飞得很高，但被拴在了坚实的大地上。

在这一阶段中，我对传统文学以人为本的核心理念进行了反思，发现"文学是人学"这句被奉为金科玉律的话并不确切。在文学史的大部分时间里，人类文学其实一直在描述人与大自然的关系，而不是人与人的关系。各民族古代神话中神的形象其实是宇宙的象征，而其中的人也不是真实历史意义上的社会的人。文学成为人学，只描写社会意义上的人与人的关系，其实只是从文艺复兴以后开始的，这一阶段在时间上只占全部文学史的十分之一左右。所以，传统文学给我的印象就是一场人类的超级自恋，文学需要超越自恋，最自觉地做出这种努力的文学就是科幻文学，科幻文学描写的重点应该是人与大自然的关系，科幻给文学一个机会，可以让文学的目光再次宽阔起来。

遗憾的是，我自己并没有尽早看清这条路，而是在另一条歧路上越走越远，目光从星空收回，变得越来越狭窄了。

第三阶段：社会实验阶段

这期间，我主要致力于对极端环境下人类行为和社会形态的描写。其实，这一尝试早就开始了，最早的这类作品是长篇《超新星纪元》，但那时这样的创作并没有文学上的自觉性，只是由于科幻市场低迷，不得已写出相对于纯科幻而言比较边缘化的作品。后来的两个短篇——《赡养上帝》和《赡养人类》，也属此列。

真正的转折源于一个发现，我看到了科幻文学的一个奇特的功能：现实世界中任何一种邪恶，都能在科幻中找到相应的世界设定，使其变成正当甚至正义的，反之亦然。科幻中的正与邪、善与恶，只有在相应的世界形象中才有意义。这个发现令我着迷，且沉溺于其中不可自拔，产生了一种邪恶的快感。

这种对社会实验的狂热，集中体现在"三体"系列的第二部《黑暗森林》中，在这部长篇里，我力图在导致人类文明彻底毁灭的大灾难的背景下，重新审视人类已有的价值和道德体系，并试图描述一个由无数文明构成的零道德的宇宙。在《黑暗森林》中，星空的自然属性被大大弱化了，代之以明显的社会属性。不同的文明在遥远的距离上呈点状的存在，并以此为单元建立了一个虚构的宇宙社会学。从本质上讲，《黑暗森林》所描述的已经不是人与自然的关系，而是一个宇宙大社会中人与人的关系，这无疑是对自己以前的科幻理念的一个颠覆。

当然，我并不认为自己已经背离了之前的科幻理念，《黑暗森林》中的宇宙社会，其零道德的结构和性质是由宇宙的自然属性决定的，具体说是宇宙间的超远距离决定的，所以在这部小说中，大自然仍是一个无所不在的文学形象。但回顾自己的创作历程，感觉这种趋势是不正确的。

如本文开始所述，科幻小说存在和发展的基础，是自然科学所提供的思想和故事资源，这也是科幻小说相对于其他文学体裁独有的优势，正因为如此，大自然已经成为科幻小说中永恒的文学形象，人与自然的关系也是永恒的主题。科幻中的宇宙或大自然永远是一个伊甸园，其中的人类总是处于懵懂之中，处于茫然、恐惧、好奇和敬畏中，在这种精神状态下面对大自然。科幻小说中的自然形象一旦被弱化，科幻文学便失去了灵魂，失去了存在的依据，变得与其他文学类型没有本质的区别。

在"三体"系列的第三部中，我试图重新找回大自然的形象，试图使其中的人类重新面对大自然而不是人本身。小说开始的描述仍是宇宙社会学层面上的，但社会学的推演产生了自然科学的结果。

重返伊甸园的路是很难的，但我将努力走下去。

在科幻创作的十年中，对这一文学种类的其他方面也有了新的认识，这些认识的许多方面，与以前作为科幻迷对科幻的美好想象不同，是经过一个痛苦的过程才逐渐被自己接受的。

一个不得不承认的事实是：在所有的文学种类中，科幻小说可能是唯一一个具有时效性的，至少我所写的这种传统型科幻是这样。

要说明这一点，首先要注意到科幻文学的一个重要特性——现代神话性质。与我们想象的不同，古代神话在当时并非幻想文学，而是现实主义文学，因为对那些遥远时代的人们来说，神话是真实的，反映的就是现实，这也是古代神话与现代幻想文学最本质的区别。从这个意义上说，神话在现代早已消失。但现在有一个文学种类或多或少地具有真正意义上的神话功能，这就是科幻。因为科幻文学是唯一在科学和理性时代能够给读者提供真实感的幻想文学，这种真实感是科幻魅力很重要的一个方面。科学幻想真实感的基础，是幻想中所依据的科学和技术。随着时间的推移，科幻中的科技有两种可能的结局：其一是幻想中的技术变成现实，科学预言被证明为真；其二是幻想中的科技被证伪。不论这两种情况中的哪一种出现，都会令相应的科幻小说的魅力大打折扣，前者会令小说变得平淡无奇，后者则使小说的幻想世界完全失去真实感。正是因为这个原因，科幻文学很难诞生真正意义上的经受时间考验的经典之作，即使那些被称为经典的老科幻，现在读起来也是遗憾多于震撼，大多只对铁杆科幻迷和专业人士有意义。

认识到这一点多少有些痛苦，但也为自己的创作找到了一个正确的心态。科幻文学的性质，决定了它的作品大部分只在现在闪耀，会很快过时被遗忘。但科幻应该不怕遗忘，作为一种创新的文学，它用不断涌现的新创造和新震撼来战胜遗忘，就像一场永恒的焰火，前面的刚成为灰烬，新的又飞升起来爆发出夺目的光焰。而要做到这点，就应永远保持青春的心态，使自己的想象力与时代同步。正如有人说的那样，科幻使人年轻。

这里要说明一下：以上提到的科幻小说和科幻文学，只是我自己在写和想写的那种科幻，那种以技术创意和科学想象为核心的科幻。科幻小说有许多种，它们之间的差别比科幻作为一个文学品种与其他文学类型的差别还要大。并不是所有的科幻作品都有时效性，有的科幻类型并不依赖于现代科学，它所创造的世界就有可能经受住时间的考验而成为经典。在国内，韩松的作品就是一个典型的例子。

十年来，对科幻文学的另一个认识，是它所包含的精英思维。大多数的类型文学，如侦探、武侠、言情、惊悚等，都只关注于类型所限定的故事本身，它们的思维方式是大众化和草根化的，科幻可能是唯一一种带有精英思维的大众文学和类型文学，它对人类文明和大自然的各方面的思考，在深度和广度上甚至超过了主流文学。就国内科幻而言，尽管作者大多并非通常意义上的精英，但作品中的精英思维普遍存在。

精英思维对科幻文学本身并不完全是一件好事，至多好坏参半。是否存在精英思维并不是判定文学作品质量的标准，文学要做的是表现和感受，而不是思考。而精英思维也并不一定意味着思想的深刻，那只是一个特定阶层的思维方式而已。至少在国内，精英思维与大众思维已经渐行渐远，两者的思想方式和利益诉求已经变得很不相同，且差别越来越大。对两者的价值观判断已经超出本文的论题，但具体到

科幻,它不是精英文学而是大众文学,科幻中的精英思维与它的草根读者群形成了尖锐的矛盾,这可能是科幻文学日益小众化最深层的原因。

从我本人的创作而言,我长期身处基层,对广大科幻读者所处的草根阶层有较多的了解,知道他们的对未来的渴望是什么样子,知道星空在他们眼中是怎样的色彩,自己的想象世界也比较容易与他们产生共鸣。十年来,我一直把自己当作科幻迷中的一员,以科幻迷的方式去思考、去感受、去创作,我自己的想象世界也是为科幻迷而建造。当然,对科幻创作而言,这并不是高层次的思维方式,这种科幻迷思维是我前进的最大动力,也是进入更高层次创作的最大障碍。但对我本人来说,这已经不可能改变。

自己的科幻之路上,一切都还在中途,在这里匆匆一回头,然后继续向前走吧。

超越自恋
——科幻给文学的机会

一

没想到有一天能与文学走得这么近,因为直到现在,我也不是一个文学爱好者。人们是从不同的路聚集到科幻这个广场上的,有的出于对文学的热爱,有的则是因为对科学的迷恋。我属于后者。

现在,人类可以在不到一个小时的时间里环绕地球,但我们能看到的最远的星系,光线也要走一百五十亿年;从时间上看,如果把宇宙诞生至今算作一年的话,人类的出现只是最后一秒钟。但在我同文学有限的接触中,一直有一个声音在耳边絮絮叨叨,告诉我只有这灰尘般的地球和人类出现后这弹指一挥的时间值得去表现去感受,其余那广袤的时空都不值得一瞥,因为那里没有人,没有人性,文学是人学。在文学中,由于人性超越一切的吸引力,太阳和其他星辰都是围绕地球转的。如果宇宙是撒哈拉沙漠,只有地球这一粒沙因其上附着的叫人的细菌而成一粒金沙，其余的整个沙漠都可以忽略其存在。太阳的存在只是为了照亮淳朴的田园，月亮的存在只是为了给海边的情侣投下影子，银河系的存在几乎没有必要，好在有个东方的神话用到了它，虽然那对情侣即使以光速跑过鹊桥，也要花十万年时间才能拥抱。

所以，传统文学给我的印象就是一场人类的超级自恋。当然，作为方圆四光年范围内（至少目前能这么确定）的唯一智慧生物，人类是有资格也有权力自恋的。但有人想体验更多的东西，而不想只把精神局限于宇宙中的一粒灰尘上，包括文学本身，也有一群人在做着超越自恋的努力，而最自觉做出这种努力的文学就是科幻文学。

二

科幻文学诞生于19世纪下半叶的欧洲，当时它并没有上面提到的超越意识。玛丽·雪莱的世界第一部科幻小说只是哥特小说的变种。同国内的其他同龄科幻迷一样，我最早接触到的科幻文学也是儒勒·凡尔纳，他的作品也只能把科幻这个生命力勃发的婴儿裹在欧洲探险小说这样陈旧的襁褓中，但透过襁褓仍能感受到那个婴儿悸动的光芒。在凡尔纳的作品中。人虽然没有退居幕后，但至少站到了舞台的一侧。他笔下的人物性格鲜明，但十分单纯，像一个个色彩醒目的符号，以至于梵蒂冈教皇称他的小说"如水晶般纯洁"，这也是凡尔纳的书在世界各国的审查中通行无阻的原因。在凡尔纳的科幻小说中，人类在文学中的主角地位让位于另一个文学史上首次出现的意象——大机器。大机器以鹦鹉螺号潜艇、机器岛和登月大炮的形象出现，即使像《八十天环游地球》这样没有大机器出现的小说，地球本身作为一个完整的文学形象也取代了人。同时，凡尔纳所代表的新生的科幻文学，把传统主流文学中占统治地位的人与人的关系转换为人与自然的关系，这一转换为科幻文学注入了新鲜的血液和灵魂。

三

这以后，在20世纪初的经济大萧条中，科幻文学在美国进入黄金时代，并以坎贝尔提出的技术科幻理念为标志，进入自觉时代。但对于国内读者来说，从凡尔纳到现代科幻文学之间有一个巨大的空白期，直到20世纪70年代末，除乔治·威尔斯和少数苏联作品外，西方科幻文学的译介几乎为零。当我首次接触西方现代科幻时，这种文学已经发展到相当成熟的阶段，其超越意识也彰显出来。

1980年的一个冬夜，一位生活在斯里兰卡的英国人改变了我的一生，他就是西方科幻三巨头之一的阿瑟·克拉克，我看到的书是《2001：太空漫游》。在看到这本书之前，我曾经无数次幻想过一种文学，能够对我展现宇宙的广阔和深邃，能够让我感受到无数个世界中的无数可能性带来的震颤，在当时现实主义的黄土地上，那种文学与我所知道的文学是如此的不同，以至于我根本不相信它的存在。当我翻开那本书时，却发现那梦想中的东西已被人创造出来。

除去难以言表的震撼和激动,更感到这本书对主流文学理念的颠覆和拓展。

首先从中看到一个全新的概念——宏细节。这是主流文学中很难出现的东西。试想,托尔斯泰在《战争与和平》中做出如下描述:"拿破仑率领六十万法军侵入俄罗斯,渐渐深入俄罗斯广阔的国土,最近占领了已成为一座空城的莫斯科。在长期等待求和不成后,拿破仑只得命令大军撤退。俄罗斯严酷的冬天到来了,撤退途中,法国人大批死于严寒和饥饿,拿破仑最后回到法国时,只带回不到三万法军。"事实上,托翁在那部巨著中确实写过大量这类文字,但他把这些描写都从小说的正文中隔离出来,以一些完全独立的章节放在书中。一个世纪后的另一位战争作家赫尔曼·沃克,在他的巨著《战争风云》中,也把宏观记述二战历史进程的文字以类似于附记的独立章节成文,并冠以一个统一的题目"全球滑铁卢",如果单独拿出来,可以成为一本不错的二战历史普及读物。两位相距百年的作家的这种做法,无非是想告诉读者:这些东西是历史,不是我作品的有机组成部分,不属于我的文学创作。确实,主流文学不可能把对历史的宏观描写作为作品的主体,其描写的宏观度达到一定程度,小说便不成其为小说,而成为史书了。当然,存在着大量描写历史全景的小说,如《李自成》和《斯巴达克斯》,这些作品都是以历史人物的细节描写为主体,以大量的细节反映历史的全貌。它们也不可能把对历史的宏观进程描写作为主体,那是历史学家干的事。

科幻小说则不同,它可以把对历史的宏观描写作为作品的主体。与上面不同的是，它同时还是小说，是作者的文学创造，因为这里的历史是作者创造的历史，来自于他的想象世界。主流文学描写上帝已经创造的世界，科幻文学则像上帝一样创造世界再描写它。

在科幻文学中，细节的概念已发生了巨大的变化。有这样一篇名为《奇点焰火》的科幻小说，描写在一群超级意识那里，用大爆炸方式创造宇宙只是他们的一场焰火晚会，一个焰火就是一次创世大爆炸，进而诞生一个宇宙。当我们的宇宙诞生时，有这样的描写：

> "这颗好！这颗好！"当焰火在虚无中炸开时，主体1欢呼起来。"至少比刚才几颗好，"主体2懒洋洋地说，"暴胀后形成的物理规律分布均匀，从纯能中沉淀出的基本粒子成色也不错。"焰火熄灭了，灰烬纷纷下落。
>
> "耐心点嘛，还有许多有趣的事呢！"主体1对又拿起一颗奇点焰火要点燃的主体2说，他把一架望远镜递给主体2，"你看灰里面，冷下来的物质形成许多有趣的微小低熵聚合。"
>
> "嗯，"主体2举着望远镜说，"他们能自我复制。还产生了微小的意识……他们中的一些居然推测出自己来自刚才那颗焰火，有趣……"

毫无疑问，以上的文字应该算作细节，描写两个人（或随便其他什么东西）在放一颗焰火前后的对话和感觉。但这个细节绝对不寻常，它真的不"细"了，短短二百字，在主流文学中描写男女主人公的一次小吻都捉襟见肘，却在时空上囊括了我们的宇宙自大爆炸以来一百五十亿年的全部历史，包括生命史和文明史，还展现了我们的宇宙之外的一个超宇宙的图景。这是科幻所独有的细节，相对于主流文学的"微细节"而言，我们不妨把它称为"宏细节"。

回到《2001：太空漫游》，在不长的篇幅内，它描述了人类从诞生到与宇宙融为一体完成超级进化的全过程。从百万年前原始人类自我意识的觉醒，到人类文明对近地空间和月球的探索，直到在土星探险的终点跨越时空之门进入宇宙深处，文明完成从个体到整体的升华。

在这些宏细节中，科幻作家笔端轻摇而纵横十亿年时间和百亿光年的空间，使主流文学所囊括的世界和历史瞬间变成了宇宙中一粒微不足道的灰尘。

在科幻小说的早期，宏细节并不常见，只有在科幻文学将触角伸向宇宙深处，同时开始对宇宙本原的思考时，它才大量出现。它是科幻小说成熟的一个标志，也是最能体现科幻文学特点和优势的一种表现手法。

宏细节的出现，对科幻小说的结构有着深刻的影响。以宏细节为主的科幻，先按自己创造的规律建成一个世界，再去进一步充实细化它。这个过程与主流文学是相反的，因为对于后者来说，上层结构已经建好，描写它不是文学的事，文学描述结构的细部。

科幻急剧扩大了文学的描写空间，也使得我们有可能从对整个宇宙的描写中更生动也更深刻地表现地球和人类，表现在主流文学中存在了几千年的传统世界，从仙座星云中拿一个望远镜看地球上罗密欧在朱丽叶的窗下打口哨，肯定比从不远处的树丛中看更有趣。

科幻文学能使我们从大海见一滴水。

四

《2001：太空漫游》和其他现代科幻经典对主流文学理念的另一个颠覆是在文学形象的创造方面。人类的社会史，就是一部人的地位的上升史。从斯巴达克斯挥舞利剑冲出角斗场，到法国的革命者们高喊人权、博爱、平等，人从手段变为目的。

但在科学中，人的地位正沿着相反的方向演化，从上帝的造物（宇宙中的其他东西都是他老人家送给我们的家具）、万物之灵退化到与其他动物没有本质的区别，再退化到宇宙角落中一粒沙子上的微不足道的细菌。

现在的问题是：文学倒向哪边？主流文学无疑倒向了前者，文学是人学，已经成了一句近乎法律的准则，一篇没有人性的小说是不能被接受的。但科幻倒向了后者，人性不再是这种新兴文学的灵魂。

从不长的世界科幻史看，科幻小说并没有抛弃人物，但人物形象和地位与主流文学相比已大大降低。以《2001：太空漫游》为例，其中人本身已成为一个整体性的符号，这一点在库布里克拍摄的同名电影中表现得最为充分：里面的科学家和宇航员，目光呆滞，面无表情，用机器般恒定的声调和语速说话。这是克拉克和库布里克故意而为之，他仿佛在告诉我们，人在这部作品中只是一个符号，我们应该关注的是人作为一个整体与宇宙的关系。他们做得很成功，看过小说和电影后，我们很难把飞船中那仅有的两个宇航员区分开来，除了名字，他们似乎没有任何个性上的特点。

人物的地位在科幻小说中的变化，与细节的变化一样，同样是由于科幻急剧扩大了文学描述空间的缘故，另一个重要原因是，由于科幻与科学天然的联系，使得它能够对人类在宇宙中的地位有一个清醒的认识。

人物形象的概念在科幻小说中主要有以下两方面的扩展：

其一，以整个种族形象取代个人形象。与传统文学不同，科幻小说有可能描写除人类之外的多个文明，并给这些文明及创造它的种族赋以不同的形象和性格。创造这些文明的种族可以是外星人，也可以是进入外太空的不同人类群落，甚至可以是机器。我们把这种新的文学形象称为种族形象。

其二，一个环境或一个世界作为一个文学形象出现。这些世界可以是不同的星球和星系，也可以是平行宇宙中的不同分支，近年来，又增添了许多运行于计算机内存中的虚拟世界。这又分为两种情况：一是这些世界是有人的（不管是什么样的人），这种世界形象，其实就是上面所说的种族形象的进一步扩展。另一种情况是没有人的世界，后来由人（大多是探险者）进入。在这种情况中，更多地关注这些世界的自然属性，以及它对进入其中的人的作用。科幻小说中还有一种十分罕见的世界形象，这些世界独立存在于宇宙中，人从来没有进入，作者以一个旁边的超意识位置来描写它，这类作品很少，也很难读，但把科幻的特点推向极致。

不管是种族形象还是世界形象，在主流文学中都不可能存在，因为一个文学形象存在的前提是有可能与其他形象进行比较，描写单一种族（人类）和单一世界（地球）的主流文学，必须把形象的颗粒细化到个人，种族形象和世界形象是科幻对文学的贡献。

在《2001：太空漫游》之后，我很快又看到了克拉克的另一部经典之作《与拉玛相会》，在这部小说中，科幻创造的新文学形象得到了进一步的彰显。小说描述一艘外星无人巨型飞船掠过太阳系，人类对它进行短暂考察的过程。克拉克对那个巨大的空壳世界进行了生动细致的描述，包括其内部的地形地貌、在接近太阳的过程中渐渐消融的海洋、两极地区的金字塔形山脉等等，他以造物主般的热情创造和雕琢着这个想象世界，使其每一个细节都符合物理学规律，同时又生动而空灵。《与拉玛相会》中的人物同《2001：太空漫游》里一样符号化，其实把进入外星飞船世界的人类考察都换成没有生命的智能探测器，对作品也不会产生太大的影响，克拉克在科幻文学形象画廊中留下的，就是那个宏伟而神奇的拉玛世界，其中没有人，连外星人都没有。

那个让我重新认识文学的潜力和可能性，并把我带上科幻之路的人于2008年3月去世，继阿西莫夫、海因莱因后，科幻文学黄金时代的最后一位大师也离开了我们。在他的墓碑上刻着一句话："阿瑟·克拉克在这里长眠。他从未长大，但从未停止成长。"是的，在主流文学使人变老的同时，包括他的经典之作在内的科幻文学却使人年轻，这是我写科幻十年来最大的感受。

五

与克拉克相比,伊萨克·阿西莫夫的小说具有更强烈的科幻形象理念,包括种族形象和世界形象。

塑造科幻形象的基础工作是世界设定,就是为小说中的想象世界确立一个基本的框架、规律和规则。世界设定是主流文学中没有的工作,因为后者所描写的世界是现成的。但它也并非为科幻文学所独有,奇幻文学也有世界设定,比如《魔戒》中的中土世界等。它们之间的区别在于:科幻的世界设定大多在小说中完成,奇幻的设定则往往独立于作品,为多个作品所共用;科幻的世界设定需遵循科学规律,它是超现实的,但不能是超自然。与奇幻相比,科幻的世界设定简洁严谨,有科学定律的影子。

阿西莫夫的《我,机器人》就是建立在一个被称为机器人三定律的严谨设定上,这个设定不足百字,是机器人在确保不伤害人类的前提下应该遵循的准则。但面对复杂的人类世界,面对人类和伤害这类概念变化不定的定义,这三条准则常常使机器人陷入一种怪异的逻辑困境。这个简洁有力的世界设定像一粒小小的种子,在幻想世界中引爆了丰富的戏剧冲突,在阿西莫夫手中长出了机器人世界这种参天大树。值得注意的是,《我,机器人》中的机器种族所面对的逻辑困境与人性无关,是机器人或人工智能所独有的困境,生动而深刻地描绘出一个新种族的新文化,这种文化与人类文化迥然不同,充满了钢铁与逻辑的碰撞,使这本书成为科幻文学中种族形象的经典之作。

阿西莫夫的"基地"系列则规模庞大,其世界设定为:人类扩展至整个银河系,建立了无数的世界,但其生物形态和文化形态基本保持一致。阿西莫夫还假定,这个超级庞大的人类世界的历史规律,可以通过统计产生的数学模型来预测,他称之为心灵历史学。整部巨著建立在心灵史学的数学模型对未来一万年历史进程的预测上,人们试图通过这种预测把正在到来的一万年的社会崩溃缩短到一千年。作品具有鲜明的宏细节特征,在漫长的历史进程中,每个角色,不管是精英还是普通人,都迅速湮没于时空中,只有以冷峻笔触和严密逻辑展现的宏伟历史进程在不断推进。

阿西莫夫作品的特色很大一部分出自他的文笔,平直、单色调、钢硬、呆板……几乎所有这类文学上的负面词都可以用来形容他的文笔,他有时让人想起海明威,但绝无后者的简洁有力,更像一个工程师写出的冗长的技术说明。这种笔调无论如何是不适合文学的,但很适合科幻,也使他的小说风靡世界。阿西莫夫让我意识到,科幻是内容的文学,不是形式的文学。在科幻小说中,形式是承载内容的容器,是为内容服务的,形式高于内容的科幻小说可能是很好的小说,但已经不是科幻了。

六

同其他的科幻读者和作者一样,当我对科幻文学的内核和灵魂有了越来越深入的感受时,突然发生了一件意想不到的事情：自己的道德观和价值体系开始动摇，这确实是一件很奇怪的事。

最容易说明这个问题的例子是《冷酷的方程式》，这是汤姆·戈德温一篇不足万字的短篇，简单到不能再简单：只有两个没什么个性的人物，一个是宇宙飞船的驾驶员，另一个是偷乘飞船的小女孩。那艘飞船叫飞艇更合适，只有公共汽车大小。小女孩的偷乘使飞船超载，不能到达预定的目标星球，后果将是宇航员、小女孩，以及飞船搭载的药品预定救助的目标星球上的探险队的多人，全部死亡。补助的措施也很简单：趁超载还没有超过限定的时间，把偷乘的小女孩弹出舱外。身为一个男子汉的宇航员这么做了，小女孩被弹到太空中，真空使她的血液沸腾，内脏吐出体外，变成一堆被冰冻的鲜血所围绕的难看的残肉……

这篇短短的小说发表后的几十年里，一直被关注和谈论，以至于评论界称它为"灼热的方程式"，它确实把科幻文学的灵魂直观鲜明地展现出来。它让我们看到，在一个科幻的世界设定下，已有的道德观和价值体系是多么的软弱无力。

其实，道学家们也许不这么看，不得不承认，小说中的设定并非科幻中独有，现实生活中也可能出现这样的困境。在历次中东战争中，也多次出现以色列士兵牺牲十几个人抢回一个伤员的事情。就《冷酷的方程式》而言，宇航员完全可以选择大家一起死，以便让人性的光辉永存。

但资深的科幻读者会对此付之一笑，《冷酷的方程式》更多具有的是象征意义，只要把这个世界设定向前稍推一步，一切将变得真正冷酷起来。试着用科幻方式思维：假如飞船后面的地球不存在了,全人类只剩下飞船上的宇航员、偷乘的小女孩和目标星球上那些生命垂危等待救援的探险队员,他们是人类文明的全部,该怎么办?或换一个更宏伟也更有可能成为现实的设想:让地球上一亿人死,否则全人类六十亿一起死。当然也可以做道学家的选择,但问题是选择后人性的光辉同样消失,因为此后宇宙中没有人了。事实上,有大量的科幻作品涉及后一个设定。

这是一个只有用科幻文学的思维方式才能产生的思想实验,这就是科幻的"末日体验"。事实上,自人类诞生至今,人类文明作为一个整体从未遭遇过灭顶之灾,所以末日体验对我们是一种十分珍贵的东西,正像一个被误诊为癌症的病人知道正确结果后的感受,生活对他显然有了新的意义。而全人类的末日体验,只能由科幻文学产生。

科幻中还有许多类似的设定,把读者引入道德和价值观的困境:比如多性别设定、多自我设定、统治设定(人类被更高级文明或机器统治)等等,深入到这些想象世界中,就会看到在冷酷的宇宙规律下,我们以前认为天经地义、坚不可摧的东西是那么不堪一击。

事实上,科幻文学的世界形象会产生这样一种结果:现实世界中任何一种邪恶,都能在科幻中找到相应的世界设定,使其变成正当甚至正义的,反之亦然,科幻中的正与邪、善与恶,只有在相应的世界形象中才有意义。阿西莫夫的巨著《基地》中所展现的历史观和文明进程深得本·拉登的认同,以至用此书的标题命名自己的组织,并自诩为现实版的谢顿《(基地》中的历史学家,预言银河系社会万年崩溃的未来历史进程)。与主流文学家不同，西方的科幻作家中，真正具有人文精神的并不多，倒是有多人像海因莱因一样显示出明显的军国主义倾向，科幻文学的语境不是人文的，而是冰冷冷的理智和逻辑的；5·12汶川大地震后，国内科幻作家们反应冷淡，当时在他们的博客和论坛上几乎没人谈论这事，这也显示出科幻文学在真正深入后狰狞的一面。国内曾一度把科幻当作纯洁的儿童文学，其实有些时候，倒希望真是这样。

七

时至今日，科学为我们揭示的世界图像与古典时代已经大不相同。我们知道，没有绝对的时间和空间。时空与物质和运动是揉为一体的一团泥巴；我们还知道，从微观尺度看，因果链并不存在，只有量子的概率，因而宏观世界的因果链也值得怀疑。可是文学眼中的世界图像仍没有变化，仍是牛顿之前的世界，甚至是哥白尼或托勒密之前的世界，前面说过，在文学的精神世界里，地球仍是宇宙的中心。

其实，主流文学中也有人做着超越自恋的努力，比如前一阵常被小资们挂在嘴边的卡尔维诺和博尔赫斯，他们的一些作品就试图描写人与人关系之外的，人与更大存在的关系，《看不见的城市》中出现了世界形象，在更极端的《巴别图书馆》中，根本没有人，人性已经无影无踪；甚至在品钦和卡夫卡的作品中也能看到这方面的影子。但总的来说，文学不是向着这个方向发展。有学者提出过一个有趣的观点，认为现代和后现代文学中的无理性、支离破碎、意义消解和飘忽不定是量子力学理论在文学中的反应，但这话估计连说的人自己都不相信，文学与科学一直保持着相当远的距离，文学可以（有时也很积极）去描写被科学和技术改变了的世界，但坚定地拒绝把科学揭示的世界图像和世界观纳入自己的内核，国内外、东西方，莫不如此。

文学正在走向更深的自恋，宏大叙事正在消失，越来越内向，越来越宅，人与大自然的关系自然淡出视线，甚至连对人与人的关系也渐渐不耐烦，只剩下自个儿与自个儿的关系，只剩下个体的喃喃自语。同时，抛弃了时代和人民的文学却抱怨自己被前者抛弃。

作为一个科幻迷和文学上的外行，真的无意指责什么，还是那句话：人类和文学都有自恋的权力，存在的就是合理的。只是想：在内向的、宅的文学存在的同时，能不能并存一个外向的、反映人和大自然关系的文学？能不能用文学去接触一些比人性更宏大的东西？

当然这并不是只指科幻，科幻文学一直都是一个很边缘的存在，并不为评论界所注意。一次有机会问顾彬：你看中国科幻小说吗？他回答说，我连德国的都不看。科幻背后没有主流文学那庞大的学院派评论体系，我们只能依赖读者的评价，更糟的，依赖市场和销量的评价，于是，科幻文学闪光的内核不可避免地隐没于商业化后面。

只希望，科幻能够给文学一个建议，一个小小的机会。

一个和十万个地球

与其他动物相比,人类的婴儿是十分脆弱的,小马出生后十分钟就能自己直立行走,而人类的婴儿要在摇篮里待相当长的时间,这期间如果没有外界的悉心照顾,他们不可能生存下去,凭自己的力量,人永远无法走出摇篮。产生这种现象的原因是进化的需要,人的大脑体积较大,充分发育后则难以出生,只有提前生出来,也就是说,所有的人类婴儿都是早产儿。

如果把人类文明的整体看作一个婴儿的话,那么也是一个早产儿。文明的发展速度远快于自然的进化,人类实际上是用原始人的大脑和身体进入现代文明的。那么就有这样一个可怕的问题:如果没有外界的照顾,人类文明这个婴儿是否也永远无力走出自己的摇篮?

现在看来有这个可能。

在遥远的未来,当人们回顾20世纪中叶至今的历史时,这期间发生的所有惊天动地的大事都将被时间磨得平淡无奇，只有两件现在被我们忽视的事情将变得越来越重要：一、人类迈出了走出摇篮的第一步；二、人类又收回了迈出的脚步。这两件事的重要性怎样评价都不为过，加加林飞入太空的1961年可能代替耶稣诞生的那一年而成为人类元年，而阿波罗登月后太空探索的衰退，将给人类留下比被逐出伊甸园更惨痛的创伤。

20世纪50年代末至70年代初将当作黄金时代而记忆，在发射第一颗人造卫星后仅三年多，第一名宇航员就进入太空，其后仅七年多，人类就登上了月球。当时，人们被远大的目标所激奋，认为再有十年左右人类将登上火星，而抵达木星轨道登上木卫二也不是遥远的事。早在这之前，就诞生了豪气冲天的猎户座计划，用不断爆炸的原子弹驱动飞船，可以一次将几十名宇航员送上外行星。

但很快，阿波罗登月因资金中断，取消了剩下的飞行。以后，人类的太空探索就像一块在地球重力场中抛起的石头，达到顶点短暂停留后急剧下坠。阿波罗十七号最后一次登月的1972年12月是一个重要的转折点，其后，虽然仍有空间站和航天飞机，有越来越多的各类人造卫星和它们所带来的经济效益，有飞向地外行星的探测器，但人类太空事业的性质已经悄然发生了改变，太空探索的目光由星空转向地面。阿波罗十七号之前的太空飞行是人类走出摇篮的努力，之后则是为了在摇篮中过得更舒适些。太空事业纳入了经济轨道，产出必须大于投入，开拓的豪情代之以商人的精明，人类心中的翅膀折断了。

其实，回头看看，人类曾经真的想要走出摇篮吗？20世纪中叶的太空探索热潮背后的驱动力是冷战,是对对手的恐惧和超越的愿望,是一种显示力量的政治广告,人类其实从来没有真心地把太空当作未来的家园。

现在,月球重新变成了没有人迹的荒凉世界,俄罗斯和美国的行星载人飞行计划先后变为泡影,欧洲探索太阳系的"曙光计划"也被搁置看不到一点曙光。在航天飞机退役之后,曾经踏足月球的美国人甚至在相当长的时间里失去了把人送上近地轨道的能力。

为什么会这样?我们能想到的原因无非是技术和经济两方面。

首先看技术原因:不可否认,人类目前不具备在太阳系内进行大规模太空开发的技术。在太空航行最基本最关键的推进技术上,人类目前只处于化学推进阶段,而大规模行星际航行则需要核动力推进,目前的技术距此还有相当的距离,核动力的火箭和飞船还只是科幻小说中的东西。

再看经济原因:以现有的技术,把有效载荷送入近地轨道,耗资相当于同样重量的黄金;送到月球和其他行星,所需资金则十倍甚至百倍增长,而在太空开发产业化之前,所有这些投入只得到很小的回报,比如阿波罗登月工程耗资二百六十亿美元,相当于现在的一千多亿美元,只得到两吨多的月球石块(当然,登月工程的技术成果在其后的民用化过程中产生了巨大的效益,但这些效益无法量化,不可能作为决策时考虑的决定性因素)。

由上所述,太空开发无论在技术上还是在经济上都是巨大的冒险,把太空看作人类新的家园,把人类的未来寄托在这样一个大冒险上,这在政治上是无法被接受的。

以上的理由论据坚实,似乎不可辩驳,也就决定了目前人类的太空政策和其所导致的太空事业的衰落。

但是,让我们考察一下人类目前正在全力投入,并把其看作地球文明未来生存的唯一出路的一项宏大的事业——环境保护。

从技术层面上看,太空航行和环保在人们头脑中的色彩是不一样的,前者是剧烈的、高速的和冒险的,意味着尖端高技术;后者则是一种温和的绿色的公益活动,自然有技术在其中,但其难度在印象中与前者相差甚远。

但这只是印象而已,真实的情况是:要达到人类现有的环境保护的目标,所需的技术比起大规模行星际航行要难得多。

在认知层面上,要想保护环境首先要认识它,要从全球尺度上理解它的规律,而地球的生态系统是一个极其复杂的系统,虽然各学科对其细节有了巨量的研究和了解,但在全球的整体尺度上,目前人类无论从基础科学还是从应用科学层面上都没有掌握它的规律,对于天气系统的运行、大规模生物群落的变化和相互关系等,人类科学所能知道的都很有限。以全球变暖为例,与铺天盖地众口一词的宣传不同,地球气候是否真的在变暖,如果是,变暖是否与人类活动有关?对这两项至关重要的问题,科学研究目前都无定论,所以遏制全球变暖更像一项政治运动。可以毫不夸张地说,人类对地球表面,还不如对月球表面了解得多,可能很快也不如对火星表面了解得多。

在行动层面上，目前环境保护所需要的技术，比如用可再生能源代替化石能源、对工业废物和城市垃圾的处理和循环使用，对生物多样性的保护、对森林植被的保护和恢复等，都涉及复杂的技术，其中相当一部分不比太阳系内的行星际航行技术容易多少。

但环境保护在技术上的挑战主要还不在于此。现在，全球性的战争和动乱已经远去，人类社会进入持续的和平发展时期，特别是第三世界和不发达地区，发展的速度前所未有，这些高速发展的区域有着同一个目标：达到西方发达国家的经济水平，过他们那样的现代化的舒适生活。现在看来，这并非一个遥不可及的目标，照目前的发展速度，只需再有半个世纪，大部分的不发达地区，包括中国和巴西这样的第三世界国家，在经济上就能够赶上西方。

但人们忽略了这样一个事实：如果全人类都像欧美发达国家那样生活，所消耗的资源需要四个半地球才够。

在这种情况下，如果要达到环境保护的最终目标，维持地球生态免于崩溃，制止目前正在发生的比白垩纪大灭绝速度更快的物种灭绝，仅靠自律来减少污染，仅靠节能减排，是远远不够的。即使哥本哈根会议的全部目标都已实现，地球生态环境仍像冰海上的泰坦尼克号一样在沉下去。

唯一的希望是停止发展。但发展是不可遏止的，在一些国家和地区的人们躺在现代文明舒适的躺椅上优哉乐哉时，让地球上其余部分停留在农业化社会的落后与贫穷中，这违反了人类的基本价值观，在政治上也是完全不可行的。

再考察另外一种可能性——非人类因素带来的环境巨变。

地球环境一直处于波动之中，只是人类文明史太短暂，人们没能觉察而已。每一次波动中，地球环境整体都会发生巨变，可能变得完全不适合人类生存。比如最近的一次冰期在一万年前才结束，如果那样的冰期再来一次，各大陆将被冰雪覆盖，现有的全球农业将崩溃，对拥有巨量人口的现代化社会而言将是灭顶之灾。而这样的环境巨变从长远看来几乎是必然要发生的，甚至有很大的可能就在不太遥远的未来出现，对这样的环境变化，现有的环保手段只是杯水车薪。

人类文明要想在人为的或自然的环境变化中长期生存下去，只能把环境保护行为由被动变主动，人工整体性地调整和改变地球环境。比如缓解温室效应，人们提出了多种方案，包括在海洋上建立大量的巨型太阳能蒸发站，把海水蒸发后喷入高空以增加云量；在太阳和地球间的拉格朗日点，给地球建造一把面积达三百万平方千米的遮阳伞……这些工程无一不是史无前例的超级工程，其规模之大，如上帝的手笔，所涉及的技术也都是地地道道的在科幻中才有的超级技术，其难度远大于太阳系内的行星际航行。

除了技术上的难度，从经济层面上看环境保护，我们发现它与太空开发也十分相似：都需投入巨量的资金，在初期也都没有明显的经济回报。

但人类对环保的投入与对太空开发的投入相比，差距大得不成比例。以中国为例，"十二五"规划中计划投入环境保护的资金为三万多亿元，但对太空探索，只计划投入三百亿元左右。世界其他国家的情况也相差不大。

太阳系中有着巨量的资源，在八大行星上，在小行星带中，人类生存和发展需要的资源，从水到金属到核聚变燃料，应有尽有，按地球可以最终养活一千亿人口计算，那么整个太阳系中的资源总量可以养活十万个地球的人口。

现在，我们看到了这样一个事实：人类放弃了太空中的十万个地球，只打算在这一个地球上生存下去，而他们生存的手段是环保，一项与太空开拓同样艰巨、同样冒险的事业。

同环保一样，太空开发与技术进步是互动关系，太空开发会促进技术进步，阿波罗工程之前美国并不具备登月需要的技术，相当一部分技术是在工程的进行中开发的。核裂变技术在地球上已成为现实，实现太空核推进并不存在不可逾越的障碍；可控核聚变虽然还未实现，但只存在技术障碍而不是理论障碍。

我们要看到这样一个事实：四十多年前登月飞船上的导航和控制计算机，其功能只相当于现在iPhone4的千分之一。

太空开拓与已经过去的大航海时代很相似，同样是远航到一片未知的世界，去开拓人类的生存空间，开拓一个更好的生活。大航海时代的开始是哥伦布发现新大陆，哥伦布的航行在当时得到了西班牙伊莎贝拉一世的支持（更确切地说，是卡斯提亚尔王国的女王，当时独立的西班牙并不存在），女王自己也难以供起这支船队，据说她把自己的首饰都典当了，然后供给哥伦布远航。现在的事实证明，这是最明智的一笔风险投资，以至于有人说世界历史是从1500年开始的，因为到那个时候人们才知道整个世界的全貌。

现在，人类正处在第二次大航海时代的前夜。我们现在的条件要比哥伦布要有利得多，因为哥伦布看不见他要找的新大陆，他在大西洋上航行了几天之后还没有见到陆地，这个时候他的内心肯定充满了犹豫、彷徨。而我们要探测的新世界抬头就能看到，但是现在没有人来出这笔钱。

也许，人类文明作为一个整体，就像人类的个体婴儿一样，在没有父母帮助的情况下，真的永远无法走出摇篮。

但从宇宙角度看，地球文明是没有父母的，人类是宇宙的孤儿，我们真的要好自为之了。

技术奇点二题

西方学术界开始谈论一个新概念——技术奇点。奇点一词来自宇宙学中的黑洞，质量被无限压缩至一个没有大小的点，平滑的时空在这一点断裂，在奇点中现有的物理规律不再有效。技术奇点的含意是：技术的进步可能由量变产生突然的质变，在极短的时间里彻底改变人类世界的状态。

本文中我们探讨两个在近未来可能出现的技术奇点。

永生的阶梯

如果我说，有史以来的所有人基本上都是平等的，是有史以来，不是法国大革命以后，你有什么感觉？如果大部分人觉得荒谬，那是因为他们还没有见过更大的不平等，或者说，还没有出现这样不平等的技术条件。

你在人生的平原上走着走着，迎面遇到一堵墙，这墙向上无限高，向下无限深，向左边和右边都无限长。这墙是什么应该不难猜到。在过去的时代，平民可能走三四十年就遇到这堵墙，帝王和贵族可能走出七八十年才遇到，但他们之间相差一般不会超过五十年，如后面所述，这个差别微不足道。所有人在相差不到一个数量级的时间里遇到这堵墙，这是最大的平等，这堵墙就是上帝或大自然为人类社会设置的平等的底线。

但随着技术的发展，有些人前面的死亡之墙要被拆掉了，人生的平原对于他们将无限广阔。

你可能认为我在谈科幻，永生遥不可及，即使真能实现也是在遥远的未来，与我们没有关系。这个观点在一百年甚至五十年前是对的，但现在，分子生物学、医学和信息科学的发展使人类社会处于一个非常微妙的转折点上。即使如此，我们也承认，在所有人的有生之年，永生绝不可实现。那么永生的可能与现世的关系在哪里？请注意，现在，虽然没有通向永生的直达列车，却出现了一个阶梯，只要有人踏上这个阶梯的第一级，他（她）就有可能沿着阶梯一直走上去。如果永生在五个世纪后实现，你不需要再活五百年，只需要再活五十年就行了。

永生阶梯的第一级就是活过五十年。对于这篇文章的读者，大约有五分之一是很难实现这个目标了，那很遗憾，您想象错过了什么；对于剩下的人中的一半，只要遵循健康的生活方式，再考虑到医学技术的不断进步，再活半个世纪是完全可能的；对于最年轻的另一半，则肯定能再活五十年。

那样，你们就踏上了永生的第二级阶梯。这级阶梯由即将实现的两项技术构成——人体冬眠和克隆技术。冬眠不是把人在液氮的温度下冻起来再复活，这是一项超级技术，在近未来很难实现。冬眠是在比较低的温度下，比如零下四十摄氏度，使人体在无意识状态下的新陈代谢和其他生理速度大大降低，比如降低至正常生理状态的十分之一，这样，你可以用十年的寿命活一百年。其实，像熊这样的热血哺乳动物天生就部分具有这样的能力，在人体上实现没有任何理论障碍，这是一项已经处于突破前夜的技术，完全可能在五十年内实现。

　　退一步说，如果冬眠技术短期内无法实现，那还有一个保险——克隆技术。从目前的研究进展看，人体完全克隆在半个世纪内几乎肯定能够成为现实。如果这样，你可以用自己的基因克隆各种器官，更换自己衰老的器官；甚至克隆一个完整的身体，在它成长到一定年龄后把自己的大脑移植过去，这样除了大脑外你的其余部分都是年轻的了。从目前医学的脑外科和显微外科技术的发展来看，这种移植在五十年内也完全可以实现，与异体移植不同，这没有排异反应，要容易许多。当然，这将面临相当恐怖的伦理和道德障碍，但克隆后的人体可以在无脑状态下的培养槽里成长，这样它在法律上可以看作是你的一部分，而不是一个独立的人。当然类似的做法得到社会和法律承认也极其困难，但只要有需要，人类克服这种障碍的智慧也同样高明，没多少人能挡得住这种诱惑，最后被孤立和抛弃的是那些道学家。

　　以上两技术的任何一项，都有可能使你再跨越一个世纪的时光；如果两项同时出现，则有可能使你跨越更长的岁月，比如三到五个世纪。当然，这都不是永生，冬眠不是正常活着,克隆的身体虽然年轻,大脑总是在衰老中。但如果你跨越一个世纪,就踏上了永生阶梯的第三级。

永生阶梯第三级的技术基础是脑信息提取,即把大脑内部的信息全部读取出来,并以计算机可识别的数据进行存贮。要提取的信息不只包括记忆,而是意识的全部,这就等于提取了一个人的完整的人格。这已经进入科幻领域了,需要生物学、信息科学和脑科学中大量的理论和技术突破,但并不是奇幻。大脑是由巨量神经元的互联实现存贮和思维的,只要对这种互联的模式和机理有了深刻的认识,就能够提取大脑的全部信息。这与从硬盘上读取数据没有本质的区别,从理论上来说是完全可能实现的。

进一步看,当信息技术发展,计算机的效能达到一定程度时,就可以用软件方式模拟一个人大脑的所有神经元的状态,这就等于在计算机内存中建立了这个人的虚拟大脑,如果用一个虚拟环境给这个大脑输入信息,就等于让这个人活在虚拟世界中了。对于这种状态是不是等同于活着或生活,可以见仁见智。可以相信笛卡尔的"我思故我在",其实即使在现实世界中,人的生活的本质也就是大脑不断地从周围环境中接收信息同时向环境输出信息的过程,在虚拟世界中,虚拟环境当然不能等同于现实世界,但运行于其中的意识也是同样在接收和输出信息,与现实中的意识活动本质上是一样的。如果在虚拟世界中得到的信息在感觉上与现实世界无法区分,从意识层面上看就等于活着了。要说明的是,这种虚拟生存对一部分人可能有巨大的吸引力,因为在虚拟世界中,人可能拥有神一般的能力,也能不费吹灰之力得到神才能拥有的东西。当然，你也可以持相反的观点，认为这个人已经死了，在计算机中运行的只是一堆没有生命的代码而已，你可以坚守活着的传统定义——以一个人类的生物学状态在现实世界中生存。

以上这些都不重要，因为上述的虚拟生存不是提取大脑信息的最终目的，最终目的是存贮和跨越时间。当你的完整人格被存贮为数据后，几乎可以无限地跨越时间，且与冬眠相比成本极低，可能只需保存一张光盘就行了。你可以轻松地跨越五百年、一千年或更长，这样你就踏上了永生阶梯的第四级，也是最后一级，这时，你将以活着的传统定义来实现真正的永生。

永生阶梯第四级的技术基础是脑信息注入，即把第三阶段提取的脑信息注入一个全新的大脑中。必须承认，这个技术的难度比脑信息提取又高了一个数量级，但在理论上仍然可以实现。既然人的记忆和意识是由上千亿个脑神经元互联而实现的，那么用技术手段设定所有神经元的状态就能够把一个人的完整人格下载到一个新的大脑中。至于新的大脑和身体的来源早就不是问题，这在阶梯的第二级就解决了。这时，人可以备份了，可以定期对自己的脑信息进行备份。如果有一天这个生命到了尽头，就可以通过备份，在一个新的身体和大脑中恢复任意一个时期的自己，这个身体可以是自己基因的克隆，也可以是来自别的基因，甚至可以在两个或多个身体中同时下载同一个人格。如果你认为这一步不可思议，不要忘记这是五百年或一千年后的世界了，想想一千年前的宋朝是什么样子吧。

至此，人类彻底征服了死亡，永生实现了。

在这条永生之路上，最大的障碍可能不是技术，而是在伦理和社会政治方面，主要是人类社会如何度过新的不平等的岁月，达到新的平等。以前和现在，人类在财富和权力、地位方面的不平等仅仅是人与人之间的差异，但人类在死亡面前的不平等是人与神间的差异，这种不平等即使在古代出现，都可能不被当时的社会所容忍，何况在奉人权和生存权为至高无上的未来社会了。让部分人先得到永生的机会将带来无法预料的社会灾难，而禁止这种技术同样是一场灾难，两者都关系到至高无上的生存权。

冬眠技术的出现将使人类首次拥有跨越时间的能力，是人类在时间上的首次直立行走。但当这项技术即将成为现实时，从社会学角度对它仅仅一瞥，就发现这可能是一个完全改变人类文明面貌的东西。这一切都基于一个信念：明天会更好。其实，人们拥有这个信念只是近两三个世纪的事，更早的时候这个想法可能很可笑。比如欧洲中世纪与千前年的古罗马相比，不但物质更贫困，精神上也更压抑；至于中国，魏晋南北朝与汉朝相比，元明与唐宋相比，都糟糕了许多。但工业革命之后，人类世界呈不间断地上升态势，人们对未来的信心逐渐建立起来，人类在物质享受方面急速进步，呈一种春风得意马蹄疾的态势，这时如果让人预测十年后，可能结果不一，但对于一百年后，很少有人怀疑那是天堂。确定这点很容易，看看一个世纪前过的是什么日子就行了。所以，如果能够冬眠，很少有人愿意留在现在。这项技术一旦产业化，将有一部分人去未来的天堂，其余的人只能在灰头土脸的现实中为他们建天堂。但最令人担忧的是未来最大的一个诱惑：这些幸运者就踏上了永生的第一个台阶。这时，在死亡面前的不公平在人类历史上第一次初露端倪，当部分富有的幸运儿在无梦的睡眠中踏上永生之路时，尘世间那亿万双嫉妒的眼睛让人不寒而栗。

所以，仅仅是永生的第二阶梯——冬眠或人体克隆，这两个看似平淡的技术一旦取得突破，也可能产生巨大的社会效应，也就是说出现了技术奇点。

永生阶梯的第二级尚且如此，以后的困难更是不可想象。

但永生的诱惑将战胜一切，人类肯定会踏上这个阶梯，并有很大可能最后成功。

如果真是这样，那人类社会将完全变成另一个形态。

在这里，我们看到永生技术绝不像我们初看一眼时那么单纯，从社会学角度看，一个永生的世界充满着我们现在难以想象的东西，可能在政治、经济、哲学、文化等方面彻底颠覆现有的人类社会形态，出现一个全新的文明。

说这么多，只有一个意思：不要嫌养生麻烦，不要拒绝健康的生活方式。这并不仅仅是以你放弃许多快乐为代价多活那么微不足道的几年，现在，人类的航船正航行在生命之河的下游，已经接近出海口，就要进入广阔无垠的生命之海了，多活一年就多一点机遇，差一步差万步，不要死在距永生阶梯只有一步之遥的地方哦。

劫持的噩梦

我还告诉你，人类历史上从来就没有出现过真正的独裁和专制，如果与未来的可能性相比的话。在你恼火前，应该注意到这样一个事实：绝对独裁专制所需的技术基础从来没有具备。

历史上的独裁者都是依赖一个金字塔形系统进行统治，这个系统完全是由人组成，每个人的人性都是多变和难以捉摸的，使得系统的整体呈现一种极不稳定和危机四伏的状态，仅仅维持这样一个系统就要耗费独裁者大部分的精力，往往还不成功。身边的每个人都是潜在的背叛者，军队随时可能哗变。恺撒被最信任的人捅了一刀后喊出的"还有你，布鲁图斯"，回荡在以后所有独裁者的噩梦中。另外，由于是少数人对多数人的统治，独裁政权不可能对所有个体进行完全的监视，即使是奴隶，也有相当多的时间处于奴隶主和监工的视线之外。

从历史上看，技术的发展对于社会政治基本都是起正面作用的，工业革命使农业人口进入城市，为民主革命和变革提供了动力；出版和通信技术的发展启迪了民智，使民主思想广为传播。从某种意义上说，正是技术的发展使文艺复兴中人文的阳光照亮了社会的每个角落。在现代，信息技术的发展更是使个人直接向全社会发表意愿和诉求成为现实。

但也应该注意到一点：从技术角度看，迄今为止，人类社会的结构并没有发生本质性的变化，国家机器和政治机器都是由人构成的,这样,只要民主理念被大多数人所认可,国家机器就不会被独裁者控制。

但一种力量正在孕育,它将使国家机器变成一部真正的机器,里面一个人都没有,只有机器,这就是人工智能(AI)。

当 AI 的智力水平发展到与人相当时,就可能出现一个完全由 AI 构成的国家机器,以及一支机器人军队,这将是绝对稳定的系统,如果被独裁者控制,也将对他绝对忠诚。同时,由于 AI 网络几乎拥有无限的精力,可以对每一个社会个体进行完全的监视和控制。

但人工智能只是为绝对独裁提供了技术基础,历史如果按正常轨迹发展,这种噩梦不太可能变成现实。因为民主思想已经深入人心,民主政治已成为现代社会的坚固基石,未来更是如此。但需要考虑某些可能的意外,比如突然出现的威胁文明整体生存的自然或人为的超级灾难。美国仅仅被撞塌了两幢大楼,就能让一些以前无法想象的社会监控措施得以实现。

除了人工智能外,人类社会还可能遇到另一个更可怕的技术奇点——地球可能被劫持。

首先说明劫持在这里的定义:在一个有限的封闭空间里(常常是在运动或飞行中),个人或少数人掌握着可以由个人启动的足以毁灭这个空间中所有或大部分人质生命的武器,以同归于尽相威胁,试图实现自己的政治或其他方面的诉求。

从宇宙角度看,地球本身就是一个"有限的封闭空间",而且相当狭小和脆弱,就是一艘由行星构成的宇宙飞船。与飞机、车船相比,地球还有一个更危险的特点——离开它几乎无处可逃。那么,地球有可能被劫持吗?

目前看来没有这个可能。实现劫持的关键,是拥有"可以由个人启动的足以毁灭这个空间中所有或大部分人质生命的武器",迄今为止,这种武器并不存在。目前,能够毁灭世界整体的武器只有核武器体系,但这是庞大而复杂的系统,不可能由个人全面启动。个人能够使用的劫持武器是单个核弹,地球上曾经出现过的威力最大的单个核弹是苏联制造的氢聚变炸弹,TNT当量为5000万吨级,但如果爆炸,其对地面的完全摧毁半径不过100千米,远不足用以劫持地球。

但技术的发展有可能使某种超级劫持武器出现,目前能够想到的有许多,包括反物质、人造黑洞和基因工程产生的超级病毒等。

以反物质为例,这是电子和质子与正常物质有相反电荷的物质,反物质与正常物质相接触后将发生湮灭,两者百分之百的质量转化为能量。反物质在宇宙中大量存在,也可由加速器制备,但对于后者,目前的技术只能极其微量地产生。下面通过简单的估算确定作为劫持地球的武器需要多少反物质。以前面提到过的5000万吨级氢弹为例,它的重量为27吨,设想其中的聚变物质有一半重量——14吨。氢弹的质能转换率,也就是聚变物质转换为能量的比率,按当时的技术约为2%,即0.28吨,也就是说,140千克的反物质与正常物质湮灭后将产生5000万吨级核弹的效果,摧毁半径100千米的范围。照此计算,14吨左右的反物质湮灭后可以摧毁半个地球表面，30吨左右的反物质足以彻底毁灭整个地球生态圈。如果加上存放反物质的磁悬浮密封容器的重量，整个劫持武器总重量可能在100吨左右，可装在一艘小型船只或两辆大型载重卡车上，且完全可以由个人启动。

对于人类社会而言，群体的行为基本上是可以预测的，但个体——尤其是无法定位的少数个体，行为几乎完成无法预测。一个温顺善良的医生会突然挥刀砍小孩。对于个体来说，任何行为都有可能发生。对车船和飞机的劫持经常出现，只要出现相应的技术，使个人或小型组织有可能得到相应的超级武器，没有理由排除地球遭到劫持的可能。如果这种劫持出现并成功，人类的社会形态可能突然发生重大变化。

以上只是一正一反两个例子，技术奇点可能在多个领域出现。人类的科学技术在许多领域中已经接近不可知的质变点，不可想象的机遇和灾变随时可能出现，以线性思维预测未来是危险的，未来的生活比我们能够预测的有更多变数，当然也更有趣。

我只是一步步实现了少年时代的理想

对话 / 王亚文 VS 刘慈欣

"我从来没有长大过,但一直没有停止成长"

王亚文　听说您从小就是一个狂热的科幻迷?还记得那些对你影响深远的书吗?

刘慈欣　开始应该不是,就是家里有什么书,能拿来看的都看了。现在的高中生可能想象不到,当时大部分书籍都被认定是"大毒草",看书是件偷偷摸摸的事情。好在那时我父亲还开明,只要我在家里看,就不会阻止我。

第一次接触科幻小说,是凡尔纳的《地心游记》。看完这本书,我出现了一种从未有过的感觉,就像是寻找了很久,终于找到了,感觉这本书就是为我这样的人写的。现在回头看,感觉我天生就是该看科幻的。嘿嘿。到了上中学的时代,赶上了20世纪80

年代的"科学的春天",迎来了新中国的科幻黄金时期,那时全民都有种对科学的狂热,我也不例外。叶永烈的《小灵通漫游未来》、童恩正的《珊瑚岛上的死光》等书和凡尔纳作品系列,就好像我在一个黑屋子里,一下子打开了窗户。可以说,当时所有出版的科幻书和科幻电影,我几乎都看了个遍。

再后来,世界科幻三巨头——英国的克拉克、美国的阿西莫夫和海因莱因的作品对我的科幻创作影响非常深远。

王亚文 我还看到有采访说您很喜欢俄罗斯文学?
刘慈欣 是的。我们这代人可能受俄罗斯文学的影响比较大,尤其是旧俄罗斯时代的作家,比如托尔斯泰、陀思妥耶夫斯基。他们的作品苦难而厚重,让我可以比较通透地理解社会,让我学会了怎么表达。当然俄罗斯文学对我的写作来说,也不全是正面影响,这些作品的语言比较滞重,离科幻语言的要求比较远。俄罗斯文学对我的影响有些复杂。除此之外,奥威尔的《1984》对我影响也很大。

王亚文 您觉得要成为一个科幻作家需要哪些素质?
刘慈欣 我不知道别人怎么样。我觉得科幻作家眼里要有"铜钱",不是说向钱看,而是说:"外圆"——讲的故事是适合读者的,"内方"——我有核心的创作理念,那就是以科学为基础的传统科幻小说。

总之,要成为一名科幻小说作家,首先要有对科幻的激情和痴迷,其次要有对未知世界的好奇心,对大自然的敬畏感,还要有不断探索宇宙世界的欲望。

王亚文 您的作品为读者创造了一个让人震撼的新世界。尤其是《三体》三部曲里的"黑暗森林"体系,是如此严密和环环相扣。这是怎么做到的?

刘慈欣 对我来说,科幻是一种写作方式。我先设定一个科学理念,再往前推导。黑暗森林这个体系,也基本上是按照宇宙的两大定律推导出来的:一是宇宙中物质总量不变,二是生存是第一需要。在这样的条件下,未必外星人的存在就是友好的,所以,对人类来说,整个宇宙或许就是诡异、恐怖而黑暗的。在这黑暗绝望中,人类的积极进取才会更有张力,更有意义。

作为一个科幻小说作家,窍门在于有能力从平凡的设定中讲出最不平凡的、最让人震撼的故事。科幻小说毕竟还是需要靠故事吸引人的。我觉得我要是有什么特别的能力，就是别人的形象化思维有一个尺度，但对我来说，多大的宏观，我都能把它形象化。

王亚文 您的作品不仅有恢宏的、能激发读者探究宇宙的想象力，还有非常深厚的人文积淀。有没有想过您不写科幻也能成为很好的作家？

刘慈欣 我想如果不写科幻我不会成为一个作家。说实话，我热爱科幻才写科幻。我觉得我是从科幻来到科幻去，对文学本身的兴趣并不浓厚。国内当代文学作品我读得很少，因此我的文学素养还不够，这甚至成了我作品里的缺陷。

王亚文 看您的作品，我以为作者是一个80后，因为作品中充满了年轻人才有的激情和天真。

刘慈欣 我喜欢科幻作品里那种天真。天真是科幻文学非常重要的思维，这证明人类一直有探究未来的兴趣。克拉克墓碑上有他的一句话："我从来没有长大过，但是从来没有停止成长。"这句话对我影响非常深远。

王亚文 作为一个科幻作家，您的创作状态是怎样的？

刘慈欣 对于一个业余科幻作家，我之前的创作状态是构思多过写作。构思的过程可能长达几

年，这个过程包括：设定理念，展开故事，从科学角度进行逻辑推理，等等，写作的时间可能也就几个月。

《三体》最后一部作品问世到如今已经有五年了，这五年我一个字也没写出来。说实话，这过程很艰难也很焦灼甚至有些恐慌，我也不知道还能不能创作出新的作品。但是科幻写作的最大乐趣就是创造，所以尽管这个阶段很难熬，也是科幻创作很重要的一部分。

王亚文	您的作品得到了主流文学界的高度评价，复旦大学中文系严锋教授评价您"以一己之力拉高了中国科幻小说的水平"，您自己怎么看？
刘慈欣	主流文学界对我的评价以及读者对我的热爱，我收到了。但是，《三体》最后一部作品问世才五年，还没有被时间过滤，还不知道是否能经得住时间的考验，所以离真正的经典还远着呢。

写科幻不是为了逃离,我与现实相处很融洽

王亚文 作为一个科幻小说作家,您所看到的世界会不会和大家不一样?

刘慈欣 不会。我是一个科幻和现实分得很清楚的人,科幻和现实各有各的规则。有人说,写科幻是为了逃离现实,对于我来说不是这样的,我与现实相处得很融洽。我朝九晚五地上班、接孩子、买菜,只是尽可能利用业余时间在写作而已。

在现实世界里,我和任何一个五十岁的人没什么不同。但是在科幻世界里,我还是那个充满激情和想象力的少年吧。因为科幻需要天真。

王亚文 您的孩子多大了?喜欢科幻吗?

刘慈欣 我有一个上初三的女儿。她不喜欢科幻,我也不会强迫她喜欢。现在的中学生课业负担那么重,确实没有太多时间来阅读。当然,我也会带她去电影院看一些美国的科幻大片。不过不是为了培养她的兴趣,而是因为美国科幻大片都是正能量,传播的都是责任心、爱心和英雄主义,让人放心。

王亚文 有报道说您是一个狂热的电影爱好者。《三体》电影也已经投拍。但是大家可能对国内的科幻片制作水准持怀疑态度,甚至觉得会毁了《三体》,您怎么看?

刘慈欣 狂热倒也称不上,但我确实挺热爱电影的。对于《三体》的电影,我还是比较看好的。中国缺少制作高成本科幻电影的经验和能力,但是世界有呀。和我合作的电影公司是一个年轻、有活力、有眼界的公司,这对科幻片很重要。当初美国好莱坞做科幻片的也是被边缘化的年轻群体。

困难一定有,但正如肯尼迪所说,我们要做这件事不是因为容易才做,而是因为难才做。

王亚文 您担任了电影《三体》的监制,从一个单纯的作家变成一个影视工作者,要考虑政策、投资商、观众市场、制片方等因素,受到的制约一定更多了吧?

刘慈欣 对我来说,问题不大。我会坦然地接受来自各方的约束。因为我向来很重视读者的阅读取向,我的作品不是写给我自己的,也不是写给评论家的。我可以不在意外界的评论,不在意是否获奖,但是我必须在意读者的感受。

王亚文	2013年您进入了中国作家富豪榜,现在您又和电影圈交往甚密,您现在的生活是不是特别丰富多彩呀?
刘慈欣	没有任何变化!我还是居住在山西一个中等城市,我身边的人可能甚至不知道有这样一个榜单。电影,我担任的是监制,所花的精力并不多。我有事才会去北京做一些工作。至今我还没见过任何一个明星呢。
王亚文	您怎么看待目前国内的科幻小说?
刘慈欣	科幻小说是一种年轻的体裁,美国的科幻小说在衰落,活力在减少。但我觉得国内目前科幻小说发展势头不错。我接触到的科幻小说作家,都具有很高的学历,有宽广的眼界,有思想,有创新能力,又很时尚,总之是很精英化的群体。科幻小说现在的发展环境很好,影响力也在扩大。未来几年,随着国产科幻影视的集中推出,会有更大的影响。我对科幻的未来很有信心。

我只是一步步实现了少年时代的理想

王亚文　　您从高一就开始写科幻小说,但是您大学选择了工科,这是为什么?

刘慈欣　　当时更多的是出于现实考虑。一是从成绩角度看,估计我的分数够不上我喜欢的航空、航天等院校。在我们那个年代,填报志愿有很大风险,对人生来说,能不能上大学是一个分水岭,所以我选我有把握的学校。其次,从生存的角度来说,我虽然喜欢物理等基础学科,但是将来就业会有困难,而工程师是一份比较稳定的职业,所以我选择了工科。

王亚文　　要是再给您一次机会选择文理科,您会怎么选择?对于高中生读者,在职业生涯规划(包括选科)上您有什么建议?

刘慈欣　　我还是会这么选择。可以说,我从小就是一个特别现实特别清醒的人。从个人理想上来说,我们那个年代很多人都想成为科学家,但是我知道自己不是天才,离一个真正的科学家还非常远,所以我觉得我应该先有一份稳定的工作,再来做我喜欢的事情。而且,我后来也确实是这么做的。可以说,非常幸运，走到今天，我只是一步一步地完全实现了少年时代的理想。

对于高中生的文理选择，我的建议是：首先你得听从你内心的愿望，你得知道自己最感兴趣的是什么。我觉得我不能成为科学家，但是我觉得工程师也是我喜欢的职业。其次就是要认清现实，这个现实包括两方面：一是自己的能力。我们从小被教育"成功是1%的灵感和99%的汗水"，但是原话还有后半句，"正是这1%的灵感决定了你能否成功"。第二，是生存。一个人首先要能保证自己的生存没有问题了，才能去追逐梦想。

王亚文　您刚才说您一步步实现了少年时代的理想，作为一个当代中国最出色的科幻作家，您觉得自己的成功得益于什么？大家总觉得您智商特别高。

刘慈欣　我还真不是一个高智商的人。要是智商高，我就能考高分，就能去当科学家或者从事航天航空领域了。这里我也要澄清一个观念。可能很多人诟病当今中国的考试制度，确实，高分不一定是高智商，但要是智商特别高一定能考高分。所以我觉得我真不算特别聪明。

王亚文	那是因为特别勤奋？
刘慈欣	我从1999年开始到现在,十五年内,总共出版了大概四百万字,比起现在每天更新一万字的网络小说作家,离勤奋远着呢。

我可以比较自豪地说完全实现了少年时期的理想,确实是极其罕见的。正如我前面所说,我觉得很重要的一点就是,我在少年时代就看清了人生的真相,做出了清醒且明智的人生规划,然后在这条道路上幸运地成功了。

王亚文	太谦虚了！利用自己的业余时间写出如此具有想象力的宏伟篇章,兴趣、智商和勤奋应该是缺一不可的。
刘慈欣	那或许可以这么说,越早地找到自己喜欢且擅长的,坚持做下去,就能越早地实现梦想。

我没有不请自来的灵感

对话 / 刘怡 VS 刘慈欣

　　这是我们之前所熟悉的大多数工程师的形象：他们的外表和衣着都很干净、整齐，说得上是大方得体，显示他们都是受过良好的教育，但也看得出，他们并不会花更多的时间和金钱在这方面。他们跟人交谈很注意礼貌，也很注意条理，但是并不会因为谈话对象的不同，放弃理性。他们通常都会有一些技术特长，很容易受人欢迎，但不会为了受欢迎而刻意去做改变。

　　理性是他们最重要的思考和生活逻辑，刘慈欣也是。

　　但刘慈欣经常是矛盾的，至少在表达上。他会在前一分钟认为自己写作科幻是逃避沉闷生活的一条道路，但在后一分钟又觉得自己和现实相处得"如鱼得水"，为什么要借写作来逃避？他一方面认可自己有着乐观而进取的天性，甚至会采取进攻的态度对待某些问题，但是，他身边的人、同事、朋友、出版商，几乎都会用到一个词来形容他——温和。

　　刘慈欣说他不怀旧，没有感觉，好像讲别人的故事一样，甚至会在送女儿上学的时候，怀疑自己有没有上过学。他说自己对儿女情长也不感兴趣，只对那种极端状态下的反应感兴趣。但是他也会说，他会在骑自行车下班回家的路上，停下来，驻足路旁，长时间地凝望夜空。那是一种他觉得最为极致的浪漫。

至于矛盾，对一个始终将内心投射在光年以外的人来说，这样的误差应该是被允许的。

《三体》之后

刘怡	你的《三体》为你带来了创作的巅峰状态，可以这么说吗？那么，你还能再创造一个高峰吗？
刘慈欣	我不知道。只有作品发表出来，和读者面对面，我才能知道反应。但我自己觉得还是有希望再创造出一个高峰出来的，但那也只能是一个希望而已。
刘怡	你有在为这个做准备吗？
刘慈欣	每天都在做准备，每天都在花大量的时间思考。有一点很重要，你的想法，你的构思，你自己都兴奋不起来，就别指望读者有什么反应了。我现在就在找让自己兴奋起来的想法，但反过来说，不是说自己找到了兴奋的想法，读者就会感同身受，那种把自己感动

得痛哭流涕，但是读者很无感的作品也多得是。我还没有走到思维枯竭的状态，相反，创意很多，选择哪个都是问题。

刘怡　　　对很多科幻迷来说，你是个"神一样的存在"，你的"神一样的灵感"是怎么来的？

刘慈欣　　你可能想象不到，极其困难，别看《三体》一个创意接着一个创意，那只是心血了，极其困难，我没有那种不请自来的灵感。所以，灵感对我来说是一个很沉重的历程，也不知道它什么时候会来。

刘怡　　　你说的极其困难会是一种什么样的状态？

刘慈欣　　能想到就想到，想不到就想不到。从《三体》第三部出版以后，到现在为止，我想不出一个让我满意的创意来，想不出一个能让我兴奋起来的构思。我每天用大量的时间去想这些，包括我刚才从成都回来，坐飞机也在想，没有任何让自己兴奋起来的想法，十分的困难，以前也是很困难。

刘怡　　　会有沮丧的时候吗？什么可以帮助自己平衡一下呢？

刘慈欣　　当然会有，怎么可能不沮丧。所以说，从这方面讲，我不认为我有什么超过别人的天分。没有什么可以平衡自己,接着想。有时候也会对自己失去信心,可是生活总得继续,得要继续这个事业,也只有接着去想。

刘怡 所以创作有的时候对你来说也是很痛苦的?
刘慈欣 不是有的时候,是大部分时候。科幻创作最吸引人的地方,就是有天你真正得到灵感,那种幸福感是无法比拟的。但是那种时候十分少。《三体》出来之前,我确实觉得这个灵感能够产生一个震撼人心的故事,而且是以前没有过的,那个时候最兴奋,之后就都是力气活了。出来以后,书卖得很好,评论也很好,也很开心,但这种快乐跟那个就不是一个档次了。这种感觉很难形容,有点像吸毒。但真的,灵感这东西就是这样,或许明天一觉醒来就有了,或许到死也不会有,这完全可能。

刘怡 那你会焦虑吗?
刘慈欣 会,睡不着觉。

刘怡 你现在是科幻作家里面唯一一个上了作家富豪榜的,你的作品的畅销程度跟中国其他科幻作家的作品之间差距大吗?
刘慈欣 《三体》目前还在销售,四十多万套,版税还在结算当中。现在一般的科幻作家能卖出两万本,那已经是很高兴了、很不错了。再好一点,卖出五万册,也很高了,甚至有的就几千册。我是四十万套,可能上百万套,这个差距我得承认,是很大的。

刘怡 这对你的生活有改变吗?

刘慈欣 当然有改变,必然会带来一定的收入,有了这些收入,相对来说,对工作的依赖就松了些,当然我不能说工作就不负责任了,心理压力是少了些。

刘怡 那你为什么还需要这个工作呢?

刘慈欣 当年明月,就是《明朝那些事儿》的作者,他每本书的版税都有上千万,他现在还在海关当公务员。为什么这么做?两个原因,我完全理解。工作能用于写作的时间,要比专业作家用于写作的时间还多。你可能觉得不可思议,我给你举例吧:电力系统八点上班,我必须七点起床,上了班以后,我这是一个必须坚守岗位的工作,离不开,就得待在办公室,我不可能出去乱转,只能守在计算机前面干工作。如果专业的话,你早上几点起来,没人管你,起来以后你能待在家里吗?外面春光明媚,你还在家里写作,你可以出去旅游。我也试着专业写过一段时间,真的,还不如业余写的时候时间多。另外,工作是一个接触社会的窗口,像我这种人,也不善于交际,我要是没有工作,我就宅在家里出不来了。虽然科幻小说离现实生活有一定的距离,但你也不能不了解社会,不能不和人接触。就像我写科幻,如果抬头低头就科幻圈子里那几个人,那代表不了广大的社会面貌。但也有可能以后收入条件更好些,也可能就不工作了,有这个可能。

成长与创作

刘怡 你周围的人知道你是一位非常有名的科幻作家吗?

刘慈欣 以前不知道,现在知道了,但大家不在意。大家不会认为这是个很大的事情。假如我是莫言那样,写主流文学的作家,就不一样了,他们要是知道肯定会肃然起敬。在我们内地基层人们的心目中,科幻是个哄小孩的东西,分量很轻,这个人下了班,没事干,写写科幻,赚两个稿费,这很正常,没有人太在意这些事情。我和我的同事一起喝酒聊天不谈科幻,从来不谈,因为他们不感兴趣。在大家看来,科幻是工作、生活之外,

一个很悠闲的东西,而且是很低幼的一个东西。

刘怡 可以说说你的科幻历程吗?

刘慈欣 我最早接触科幻是在上小学的时候,还是"文革"时期。当时书籍很少,父亲初中毕业,是军人,后来转业去了北京煤炭设计院。中国在20世纪50年代,文化是很开放的,父亲买了很多书,后来我很吃惊,都是很高大上,什么莎士比亚、托尔斯泰、巴尔扎克,并不是说父亲层次有多高,而是中国在50年代,所有的书都"高大上",他买不到别的书。后来因为"文革",父亲下放到山西,他是煤炭设计院,下放到煤炭系统。父亲就把书都带到了山西。

在"文革"期间,50年代的出版物很多被禁。父亲就把书推到床下面,不让看,因为看这些书要是让老师知道了,虽然不会有什么严重后果,但总归是影响不好,会被批评。但是,那个时候实在没什么书可看,我就偷偷翻出来看。但是那些世界名著也看不懂,也不理解。就翻到凡尔纳的书,《地心游记》,当时就觉得很吸引,这大概是成为一个科幻迷的开始,但后来相当长的时间没有看到第二本科幻,后来也还是在"文革"期间,看到第二本，苏联的，叫《宇宙神曲》，也是50年代遗留下来的书，但那是别的孩子的书，偷偷地看，也是相当吸引人，后来就真的很长的一段时间没有看到科幻小说了。再后来看到科幻是在70年代，改革开放后，文化市场全面放开了，虽然是全面放开，但是并没有新的东西出来，他们把50年代的老版，就这么紧急印出来卖，凡尔纳的作品、威尔斯的作品，再往后那些西方的现代的比较经典的就进来了，包括阿西莫夫、克拉克、海因莱茵的，大量地引进了。科幻对我，渐渐由吸引变成了"迷"，后面顺理成章就开始了写作。

70年代的中学生不像现在，压力没有这么大，开始写，也开始投稿，但都被退了。那个时候的大陆有个奇怪的风潮，千千万万的人不干别的，都在搞文艺，都在写小说，都在投稿，稿子特别多，所以被退稿也不奇怪，那种现象以后再也没有出现过。

刘怡　　从中学时代开始写作，到1999年首次发表作品，经历了十多年，这中间你是怎么坚持的？

刘慈欣　　因为大环境和小环境的原因，1983年之后，有十几年的时间，科幻出版处于低谷，开始几乎是零，后来慢慢有些复苏，主要是些翻译作品,还有些边缘的科幻作家,比如像朱苏进、乔良几位军队作家,发表了一些作品,像朱苏进的《四千年前的闪击》《祭奠星辰》,像乔良的《末日之门》。后来政府对科幻的态度起了很大转变,1997年还在北京召开了科幻大会,从那以后,科幻开始复苏。

这期间,具体到我,当然也没有什么创作余地,因为我不像有些人,"写了是给自己看的",我写了肯定是给别人看的,不能发表,我写它干吗。但是这十年间,也写过些东西,像《超行星纪元》,就是1990年左右写的。但是没有机会发表,后来人们看到《超行星纪元》和我其他作品风格不太一样,它不是那么很纯的科幻,原因在于当时科幻不能发表,我就试图写得像科幻又像主流文学这样的东西,目的就是想看看有没有发表的可能。当然,最后也没有发表出来。

至于说到怎么坚持,其实没什么可坚持的,科幻是我的一个爱好,但是没有了也就没有了,并不是多么难受的一件事,生活还有别的方面的内容。我作为一个计算机工程师,对计算机技术也很着迷,还自己编各种各样的程序,当时对游戏也特别着迷,甚至着迷的程度不亚于科幻,那时候游戏很简单,都是单机游戏,没有网络,但也很让人着迷。我前两天还参加了网易游戏《天下3》的制作，别人都不理解，以为我为了赚钱去的，其实当年我和迷恋科幻一样，迷恋过游戏，只不过后来没有精力，就放弃了。这十来年就这么过来的。中间有一段时间，科幻几乎从我的生活里淡忘了、消失了，就是完全不想它了。

但科幻的这个种子在意识的深处是一直存在的。科幻复苏了，这个兴趣也就随之复苏了。整个中国科幻，包括我个人，是和大时代密切相关的。不管是科幻的命运，还是你个人生活的走向，肯定是和时代密切相关的。

刘怡　　你当时为什么读的是工科？你对创作这么热衷，为什么不是读文学？

刘慈欣　　这是一个天大的误解，很多人认为我对文学有兴趣，其实我对文学没兴趣。科幻对我来说，更像一个广场，来到这个地方的人是通过不同的路来的，有的通过文学这条路来的，有的通过科学这条路来的，我是通过科幻这条路来的。我对文学从来就没有太大的兴趣，我看的文学作品都是大家不得不看的那些东西。我的意思是我对主流的文学作品没有什么兴趣。历史我看的比较多，主要是西方历史，中国历史对我是个短板，知道的不多。

因为我语文不好，古文基础更差，我的作文从来都拿不了高分。西方的历史看起来比较容易，也感兴趣，因为西方历史跟科学有关系，有科学史在里面。毕竟科学革命是在西方发生的，中国没有科学革命，中国有没有科学都很难说。

刘怡　你怎么看我们在科学技术上和西方的差距，或者具体说在创意上？

刘慈欣　我们只能和我们后面的进步相比，没办法和技术巨人相比，三次工业革命，他们都抓在手里，我们一次都没有抓住。现在那帮"公知"们，什么都和别人比，然后再贬低自己，那样很让人厌恶，也是一种很蠢的思想。就像我们每一个人，先要战胜自己，然后再去战胜别人，别人有别人的条件，我们有我们的条件，我们在不断进步就行了。我们的基础就在这里，我们有沉重的负担，刚刚脱离农业社会，进入工业社会，从科幻的角度看，中国的未来是很神奇的，充满了不确定，充满了希望和挑战。但西方的主流文明，这个神奇基本上都已经消失了。

刘怡	当你的作品出版发表之后,你得到很多的关注,你会享受这种被关注吗?
刘慈欣	我认为任何写小说的人都会享受这种关注,很快乐。而且,我的创作过程很顺利,中间几乎没有挫折。几乎每篇出来都能得到好评,这个很不容易的。我不在意奖,我清楚科幻是个大众文学,我只在意读者的反应。几乎每一部作品出来都能得到相当正面的反应,当然也有一些作品稍微低谷了一下,但是很快还能恢复过来。除了个别作品,大部分反应都是很好的。从这个方面来说,算是很幸运的。
刘怡	你会在意别人对你的评价吗?
刘慈欣	在意,当然。
刘怡	赞美的先不说了,批评的呢,你怎么看待?
刘慈欣	批评的,要是对的,就会吸取;要是不对,就不理。但是别人的评论,我有这么一个原则,我由一个科幻迷变成一个科幻作家,科幻在我的心里是有一个核心理念。就像有人会问我,科幻创作应该遵循一个什么样的原则,我说遵循"铜钱"的原则,不是我说掉到钱眼里了,铜钱外圆内方,"外圆"的意思是说我们的表现手法应该多种多样,灵活多

变，适合读者不同的欣赏取向；"内方"就是我们对科幻应该有一个核心的理念。这个理念是一个底线，不能突破的，这是一个文学体裁存在的依据。

刘怡 你理解的科幻的核心理念是什么？

刘慈欣 在科学的基础上，展开想象力。科学是科幻的灵魂。这个理念不是每个人都承认的理念，包括很多作品也并不遵循这种理念，但我自己的创作和我喜欢的科幻是遵循这种理念的。

刘怡 那你认为科幻的写作应该至少循着科学发展的路径吗？

刘慈欣 科幻文学发展到现在，也很丰富多彩。《安德的游戏》的作者约翰·卡德就说过，现在包括科幻在内的各个类型文学，都被评论家们造了好多个笼子，他认为哪个作家属于哪个类型文学，就把他关到哪个笼子里了，科幻的笼子也关了一大帮人，关进去他就不管了，他就算你是科幻了。所以，现在科幻文学之间的差别是相当大的，各种各样的都有。

刘怡 有人评论你的科幻写作说，"刘慈欣一个人单枪匹马把中国科幻拉到世界的高度"，你自己怎么看？你觉得你和其他那些在用中文写作的科幻小说作家们之间有这么大的距离吗？

刘慈欣 看从哪方面说。要是从影响力上面来说，绝对有距离，这个大家都看得到。《三体》出来以后，我们都期望它能带动科幻创作的发展，但《三体》最后一部出版到现在已经三年了，一部影响力超过它的长篇都还没有出现，所以这个差距我不用谦虚，差得很大，而且差得不是一点半点。但要从作品的质量上来说，这个差距就没有那么大了。我个人觉得，现在很多作家的写作都达到了相当的高度，像国内近年来的一些科幻长篇，虽然影响力没法和《三体》比，但质量并不次，至于这些作品的影响力为什么没有《三体》大，这个原因就很多，有读者欣赏取向的原因，有出版商宣传力度的原因，更大的原因是机遇，就像互联网上有很多莫名其妙的词一下子就流行开了，有时候文学作品也是一样，它可能赶上我们都没有办法的一个神秘的机遇，自然而然就有一个正反馈的效应在那里，变得影响力很大，这一点我还是很清醒的。至于说到世界级的高度，整体中国的科幻水平其实是比较低的，它的发展成熟度和美国科幻文学发展的成熟度相差还是很大，鸡窝里飞不出金凤凰，最多飞出比较优秀的鸡。我把这种评论看成是一种鼓励，但不能当真。

刘怡 如果评价一个作品到了某种高度，一定会设定一个参照物，你觉得你的作品是在跟谁比？

刘慈欣 我们只能是跟西方的比较，美国的，欧洲的，他们是科幻文学的中心。要说水平，我比较乐意说成是成熟的程度，我们现在的程度还处于美国黄金时代那时候的一个层次。但无论是作家、作品、出版系统，还是读者，我们都不如他们那么成熟。科幻作为大众文学，它有一个整体性的概念。在主流文学领域里，可以在一个很穷的国家出一个诺贝尔文学奖，科幻文学就没可能。你评价一个国家的科幻文学水平，除了要看作家的水平，一年能出版多少长篇作品，能达到一个什么样的发行量，还要看有多少的读者，甚至产值是多少，这都是评价科幻文学的成熟程度的。把这些考虑进来，你就知道中国的科幻文学跟美国差得更远了。去年中国出版的科幻文学作品不超过一百本，而美国有一千本。量是衡量一个国家类型文学发展不可少的依据。不能某一个作家弄出一个作品，挺有影响力的，就把这个国家或者说一个语种的发展水品提升到世界的高度。

理性和情感

刘怡 记得有位天文学家说过,我们对宇宙的了解是以牺牲人在宇宙中的地位为代价的,这个也可以理解为人跟科学的关系,你怎么看人在科幻中的地位?

刘慈欣 人在文学中的地位和在科学中的地位正好相反。人在政治、社会、文化中的地位是不断上升的,但是在科学中,人越来越被边缘化。开始是宇宙的中心,后来太阳系的中心也不算,再后来银河系的中心也不算。到现在你要看看人在宇宙中的位置,卑微得连尘埃也比不上,太渺小了。而且从生物学上看更是如此,以前人们认为生命是独特的,有活力在里面,后来发现没有什么活力,人所遵循的自然规律和无生命物体遵循的自然规律一样,一个人死去和一块冰化掉没有什么本质的区别,这是生物学上对人的致命打击。人在宇宙中的渺小,给我带来的感受不是自卑、自怜,而是震撼。我没有考虑我多小,我是在想宇宙有多大。这种震撼就是给人宏大又空灵的感觉。人类中心论即便是真的,它无法给予这样的感受。人如果是中心,宇宙就很狭窄,就没有美感了。科幻中那种宏大的美就没有了。我对科学的态度是一样的，它所揭示出来的画面、尺度，会给人既敬畏又兴奋，又向往又好奇，一想想宇宙中有那么多数不清的世界，心旷神怡。这也是科幻的魅力。这种魅力，主流文学没有。主流文学的宇宙观还是托勒密时代的。在这帮主流文学作家的意识深处，太阳还是围绕着地球转的，他们心目中的整个宇宙，如果比作是一大片沙漠的话，地球这粒沙子上因为有人就成了金沙，其他沙子都没有存在的价值，也没有意义，根本也不用去关心，更不用描写。但科幻不是这个样子，科幻关注的是，我们极其渺小的人，跟极其宏大的宇宙之间的关系。

刘怡　　你认为宗教跟科学是并行不悖的吗？在写作中，你会需要借助信仰的力量吗？

刘慈欣　　所有的宗教本质上都是无神论。人们总是说科学最后会走向宗教，其实正相反，所有的宗教都会走向无神论。举个例子，比如说整个宇宙有造物主，有创造者，在科幻中描写他怎么创造宇宙，无非他在实验室里，启动宇宙大爆炸，不也就是个工程师，或者是科学家嘛，不过是尺度大一些而已。再举个例子，我们培养一个细菌，假如细菌当中有科学家,也许他们认为我们是上帝,我们是神,但我们显然不是神,只是在细菌的眼里是神。我的意思是,如果我们的上层真有个宇宙的创造者的话,那从创造者的角度看就是没有神的,以此类推。我对宗教就是这么看的,所以对我构不成信仰。即便上帝真的存在,我也不会抱着虔诚和敬畏去信仰,因为很可能他是个糟糕的工程师。宗教中设想的创世现在还没有办法证伪,有很多迹象表明,宇宙中的很多参数是被精确调制过的,否则生命没有办法出现。假如真有个宇宙创造者的话,他也在科学的范畴之内,不会跑到科学的范畴之外。他创造宇宙的规律是基于他的那个层次,就像我们创造细菌一样。

刘怡　这样的话,如何解释科幻中的宗教情感呢?
刘慈欣　按照我们国内的主流观点,宗教和科学是势不两立的。宗教和科学有对立的一面,但是宗教和科学有某种共同的渊源,像西方的基督教文化中对上帝的敬畏感,也是催生出现代科学的一个原因,把这种敬畏感移到宇宙上来,这种敬畏感使人们迫切要了解上帝的行为、上帝的意志,这就有了探讨宇宙秘密的精神力量,宗教和科学有这样一种复杂的关系。科幻作为科学在文学中的一种表现形式，那么它和宗教也有这样的关系，事实上，宗教感情在科幻小说中常常出现，这中间有对宗教的质疑，还有对宗教感情的直接的表现，像克拉克最著名的作品《星》，很短，几千字，那就是宗教感情在科幻中的杰作。另外，电影《2001：太空漫游》，与其说那是一部科幻片，不如说那是一部宗教片，它对宗教感情表现得很到位。它在科幻中的地位近乎《圣经》的地位，所以说，科幻和宗教并不矛盾。我没有宗教信仰，但是并不代表我没有宗教感情，我之前讲到的我对光年的敬畏，就跟基督徒对上帝的敬畏一样，唯一的区别就在于我不会对那个东西去祈祷，我知道它是没有意识的。我不认为宇宙是有意识的，但同样有着对这种巨大存在的敬畏，这个就是宗教感情。

刘怡　　但你没有过那种悲悯的时候吗？在科学的进程当中，人总是有无力的时候。

刘慈欣　　我有过无能为力的时候，使我产生悲悯的原因，我都能一条一条找出来，让我摆脱这种状态的途径我也能知道在哪儿，做得到做不到就不一定了。但这和上帝没关系。我不需要借助理性之外的东西。比如我说父亲六十五岁就去世了，食道癌，当时已经全身扩散了，这是我悲悯的时候，没有办法，但我会接受这个事实。我也会陷入抑郁的困境，但我也会清楚没谁能救得了我。

刘怡 你这么坚定的理性，会是你小说里始终有的一种天真劲儿吗？

刘慈欣 理性不是天真，找精神慰藉才是天真。

刘怡 那理性可以用来解释你的小说里人跟人之间的关系看起来没有那么复杂的原因吗？

刘慈欣 这倒不是。有两个原因：第一，科幻是一种类型文学，类型文学里，人物的性格可以鲜明，但不能太复杂。科幻的小说也好，还是科幻的电影也好，如果人性弄得太复杂的话，读者就很难被吸引，就不认同了。但可以适当复杂，比如邪恶的人身上有某种正义的东西，但是适可而止，要掌握一个平衡。不能把科幻里面的人物搞得跟主流文学里的一样，那就不是科幻的读者要看的。第二，即便我想复杂化，我也没有这个能力，我工科出身，现在是个工程师，我在文学上的涉猎也不多，我的文学能力是有限的。这是大实话。所以，在我的作品中，人跟人之间的关系可能很有穿透力很震撼，但是很简单。

刘怡 你现在的工作是计算器工程师，朝九晚五，但是你写科幻，或者说你进行你的科幻思考，要投入创作，这之间你还要抽离，有的作家说有时候人格是分裂的，经常需要在不同身份之间切换。你有这个问题吗？

刘慈欣 写作科幻，就像生活在两个平行世界一样，一方面是科幻的世界，一方面是现实的世界，这两个世界完全不交叉，这种分裂感不光是我一个人有，别的人也有。对我，首先要把两者分开来，千万不能把科幻的东西混到现实生活中来，不能让科幻的思想影响自己的行为方式，包括和人相处的方式、工作的方式，否则就很糟糕。更具体的是，写作的时候，如何克服这个，那就是很具体的办法，因为有工作，所以很难像专业作家那样有大块的时间去写作，我写一部长篇的时候，我先把这些在脑子里想好，不是想提纲，我从来不写提纲，细节都想好了，最后写的时候很快，想的时间很长，可能有一年两年，写的时候三个月，就跟打印出来一样。必须这么做。因为想的时间很容易找，写的时间就不容易找了。但你说的这个分裂确实是存在的。

刘怡 那你作为作家时是一种什么样的生活状态？

刘慈欣 我认为作家最理想的状态是什么，是你远远地躲在作品的后面，你享受它带来的利益，但不要走到前面。享受作者对作品的拥戴，不要把自己弄进去。不然那就一点意思没有了。就跟《狼图腾》那类作者一样，谁也不知道他是谁。这个是最理想的状态。你有自己优哉乐哉的生活。说到这一点，这是主流文学作家和类型文学作家最有意思的区别，主流文学作家往往把自己弄到作品里面了，痛苦、纠结、迷茫，然后把这个体验写出来，这就是杰作；但我们写类型文学的人，是在享受生活，虽然作品中会充满死亡，但没人会把这个当成和自己融为一体的东西，所以类型文学作家过得都还不错。不是说他们多有钱，但是精神状态都很随意的，没有什么沉重的东西。有人问我，写作是不是为了逃避现实，我说我和现实相处得很融洽，如鱼得水，为什么要逃避。可能有人会鄙视我，在现实生活中如鱼得水的人，多庸俗啊，还能写出什么阳春白雪的作品呢？但是类型文学的作者就是这个样子。我即便不写科幻，我也活得不会太差。写科幻占用了我大部分精力，我要是不写科幻，我把这个精力用在别的方面，也会过得很好。

刘怡	工程师和科幻作家这两个身份，从你内心里来说，哪个身份对你来说是业余的？
刘慈欣	科幻作家是业余的。业余是和专业相对的，专业是有规范的，有一定的素质要求。科幻作家，也没什么标准，说句实在话，按照我的文学能力来说，称不上专业作家，文笔、塑造人物的能力，这些文学上最基本的功力，如果说我工程师上面的能力，我编程序的能力也这个样子，我早失业了。但在科幻方面我是很专业的，我的科幻想象，我的科幻创意的能力。科幻小说还是小说，它有文学属性，这方面，我承认，不专业。
刘怡	你对自己的成长过程中有什么记忆是特别难忘的吗？小时候打过架吗？
刘慈欣	矿上社会秩序不是太好，那时候的男孩不可能有没打过架的，也很危险，我还造过火药枪、刀，能伤人的那种。那个时候孩子的生活比现在危险，危险这种记忆是不会轻易忘记的。我很少怀旧，没有感觉，好像讲别人的故事一样。有时候我问自己，我真的上过中学吗？上过大学吗？当时什么感觉呢，很少去想。唯一的一次想起来，是送我女儿进她那个初中的教室，那时候很奇怪的感觉，我真的和她一样，去念过这些吗？在文学上

来说，我是个很迟钝的人。我没有什么和别人不一样的，我走的道路是中国人走过的最普通的一条路，小学、中学、大学，然后工作到厂矿。厂矿企业是中国最基层的企业。最基层普通的一个企业，是人们最多的一种生活状态。不要把眼睛盯到北、上、广这些大城市，这些地方人是不少，但也只占中国人口的一小部分，真正大多数的中国人是像我这样生活的。现在说起来，好像中国人都是白领，每天起早摸黑、朝九晚五那么累，不是，大部分中国人的状态还是在这种二三线城市，这种很平凡的生活。说不上节奏有多快，也说不上有多慢，不像北上广那么现代化。

刘怡　　　这种平凡的生活，你也没有觉得它沉闷？
刘慈欣　　生活肯定沉闷，但是科幻不沉闷。就像你刚才问我，十几年写科幻是怎么坚持的，其实，你问反了，写科幻不需要坚持，不写才需要坚持。它就是逃避沉闷生活的一条道路。各人都有自己的逃避方式，有的人是看球，有的人是钓鱼，像我们那里最普遍的还有没日没夜打麻将。但是生活确实十分的沉闷，没什么意思。而且，我对儿女情长不感兴趣，我只对那种人在极端状态下的反应感兴趣。每个人都失控了，但是总要结束的。科幻有个特点，这也是和主流文学最大的区别，就是很少把自己代入。有人问我写的小说里面，哪一个是自己的原型？一个都没有。后来又有人问，你写的这些女主人公里面，哪一个是你喜欢的类型？同样，一个也没有。他们都是工具，讲故事的工具，和我真正的感情代入很少，没有这种代入感，因为类型文学，不光是科幻，它要的是和读者能产生共鸣的一个故事，而不是自我表达、自我宣泄。这和主流文学不一样。作为大众文学的科幻，你得赢得大家的共鸣，如果你把自己代入太深，那是不行的。每个人都不一样，你要考虑大家的感受，不能光表达自己的感受。还有就是我对那种常态的感情，儿女情长、男女爱情这些，不感兴趣，我不是说我生活中不感兴趣，我是说创作当中不感兴趣，我不喜欢表现那些，没什么意思。

刘怡 那你的现实生活当中，社会环境、生存环境等等，什么方面会影响到你的创作？

刘慈欣 国内的科幻界，有个流行的词叫"科幻现实主义"，就是说用科幻的手段来反映现实，从科幻的角度来看现实。这个我不感兴趣。我不反对这个东西，这里面也有好的作品，但我自己不会去做，我认为科幻的长处就在于探讨那种离我们现在的时间很远的现实，或者说超现实也好，所以现实当中发生的很多事情，包括中国社会发生的方方面面的事情，好的也罢，坏的也罢，对我的创作没有太多的影响，我不依据这些东西来创作。我总是反复提醒自己，我写的是另一个世界。我很关注社会的走向，既然我是描写未来的，我当然会关心现实是怎么向未来走的，但我始终觉得我的作品和这个不是一个维面上的东西，但我不反对科幻现实主义的写作方式。

刘怡 你怎么看死亡，这是一个科幻不能不触及的命题？

刘慈欣 我是个百分之百的无神论者，死了之后什么也没有了，所以我特别珍惜活着。我从不指望死了还能有什么东西。我跟你说这么一件事，中国有个科幻作家叫童恩正，就是《珊瑚岛上的死光》的作者，他在美国得了癌症，弥留之际跟人说，这辈子最后悔的是没有宗教信仰，死亡对他是一片黑暗。人家就跟他说，那你现在信了不就好了。他说不可能了。就是这样，不是你想信就能信的。我和他的区别就是我没有任何遗憾。我对死后的世界没有任何期待,我期待的是尽可能活得长一点。

刘怡　　那你怎么形容安全感?
刘慈欣　就像小时候在黑暗中抓住大人的手一样。

刘怡　　有的评论说你的小说中的人物,似乎是没有性别的,你自己怎么看?还是你是刻意的?
刘慈欣　对。这就是我说的文学能力不足、文学素养不够。我当然想把女人写得有女人味,我最讨厌那种女汉子了,我不可能把我讨厌的写到作品里去;我也十分讨厌那种中性的人,男人就该像男人,女人就该像女人。但是小说中就成了现在这个样子,没办法。

刘怡　　什么叫没办法了?你无法驾驭你的人物吗?
刘慈欣　是,无法驾驭,能力不足。我坦率地承认。从文学方面来讲,我不是一个专业的作家。还有个客观的原因,也不是推脱,科幻长篇有个背景交代的问题,它和主流文学不一样,主流文学中,写个农场,说农场这两个字就行了,脑子里马上就有个东西,但是科幻小说里面有个世界设定,得把这个世界设定介绍清楚,往往这个就占了小说篇幅的一半,另一半,你要是把人物写出性格来,男人像男人，女人像女人，是需要细节的，但长篇小说也不是你想写多长就写多长，出版商有限制的。像《三体》的第三部，男女主人公在大学里的爱情故事，删掉了四万字，表现的细节没有了，这一下子，可不就是男不像男的，女的不像女的了嘛。这算是个原因，主要的原因是能力不足。

刘怡 那你接下来的创作会有意识地去突破这个吗？
刘慈欣 创作上我看准了一点，要扬长不要避短，短是避不了的。而创作上的短处发挥的极致，那就是长处。你说我不了解人吗？我生活在基层，什么人没有见过！发电厂比较偏僻，但是我每年在大都市的时间也超过三四个月，也常出国，但是，人我就是写不出来。

刘怡 你会尝试去写一个完全不科幻的东西吗？
刘慈欣 一般不会，我的长处就在科幻，别的方面我并不擅长。我也写过童话，也没发表，是送给一个朋友，也不算是尝试，因为欠朋友一个人情。你知道，一个科幻构思是不容易的，我绝对不会随随便便把它写成个短篇拿出去，但是童话没关系，不浪费任何构思，这是主要原因。朋友当时也是想让我给他写个科幻的，但我舍不得，说实在的，那就写个童话吧。这是唯一的科幻之外的东西。除此之外,没有写过任何其他体裁的东西。

现在和未来

刘怡 你是基于什么样的认识,你的宇宙观也好,你的人生观也好,在你的作品当中,能够自始至终保持这种乐观,或者说进取精神?

刘慈欣 一个人之所以成为现在的人,写作他的作品,可能是他所有经历的一个总和。他的社会经历,他的文化经历。我是一个喜欢进取精神的人,或许跟童年时候文化的贫乏有关。如果我的童年像现在一样,有这么丰富多彩的文化产品,有网络,有游戏,有电视,有太多东西可以消费,我很可能成为另外一个人;但那种人是比现在更进取呢,还是更消沉呢,我不知道。至于你说到的进取精神,我们现在的说法叫"正能量",我本人就是比较倾向用乐观的态度对待挑战的这样一个人,虽然生活中并非如此,不是所有的挑战都能对付得了。但基本上,我是采取进攻的态度来对待某些问题,而不是逃避。生活中的那些苦恼、那些危险和危机,作品中也能表现出来。你看《三体》第二部,写的宇宙中的黑暗状态,这和我写作时周围的环境有密切的关系，那个时候，首先中国国内电力系统的经营状况陷入一种低迷的状况，然后就是哥本哈根会议，节能减排的政策，这个政策就直接作用到电力系统上面，很多发电厂要关闭，很多人要失业，这时候周围人的竞争就激烈起来。这种情形就反映到第二部里面。到了第三部，至少我自己的工作延续下来了，没有失业，所以格调又变化了一下。但我的作品的总的基调，就是你说的，是一种进取的基调，不是一种悲观的基调，不是说抱着一种消沉的态度去写的。我觉得科幻文学的基调也应该是一种对未知世界的向往，虽然科幻文学中经常描写黑暗的未来，但我觉得科幻文学应该要有一种进取的态度。

刘怡　　　　中国的读者基数这么大，是什么制约了科幻读者的数量？

刘慈欣　　　简单地说，我们的社会教育、科学氛围、科学普及都不够。我们还是刚从农业时代走出来，我们的科学思想不普及，人们的科学素养普遍也不高。这个说法看起来有道理，其实不准确。欧洲和日本的科学普及和民众素养肯定比我们高，他们的科幻发展还不如中国，他们的发行量，他们的长篇科幻最多和我们半斤八两，欧洲还不如我们。美国科幻的黄金时代在20世纪30年代到60年代之间，但是那个时候美国人的科学素养肯定比80年代以后的美国人的科学素养要差，那个时候，美国的大学也还没有普及，但是，美国科幻恰恰是在80年代以后衰落的。至于什么制约了我们的读者的发展，还真是说不上来，事实远比这个复杂。

中国的科幻读者和美国的科幻读者最大区别是什么，中国的科幻读者低龄化，大多数是学生。美国的科幻读者大部分都在四十岁以上，国内的评论家和科幻作家很羡慕美国的读者，觉得他们成熟，能认出阳春白雪的作品，他就不想想，这些人死光了怎么办，后来的人呢，看不到后来者了。这是一个极其残酷的现实，这就是我说的衰落的含义。这些四五十岁的读者死完以后，美国就没有科幻文学了，这毫不夸张。原因很多，美国的评论是说，美国的奇幻文学、电子文化等的崛起，都是原因。

刘怡　　　　　奇幻文学会替代科幻文学吗？
刘慈欣　　　　它现在已经替代了。

刘怡　　　　　那你怎么看奇幻文学的未来？

| 刘慈欣 | 奇幻的幻想没有科学依据，科幻的幻想有科学依据，但这中间有模糊地带，很多作品很难说是科幻还是奇幻。这种模糊的作品越来越多了，但同时也不能把科幻和奇幻混为一谈，有个作者说得很好，"你不能因为有清晨和黄昏，就否定白天和黑夜的存在"，意思是说，现在清晨和黄昏越来越多了，就是这种既不像白天又不像黑夜的作品越来越多了，但不能否认有纯粹的科幻和纯粹的奇幻。但我也不认同国内有种看法，认为奇幻的门槛低，好写又容易看，科幻作品门槛高，又难写，读起来也不容易。

没那回事，任何文学体裁都有平庸之作，都有经典之作，都不容易写。我是写科ß幻的，这两年有一部作品很吸引我，叫《冰与火之歌》，就是一部奇幻作品。我唯一看下来的一部美国剧，就是《权力的游戏》。所以，科幻和奇幻写起来都不容易，都有独立存在的理由。 |
|---|---|
| 刘怡 | 你怎么看科普跟科幻的关系？ |
| 刘慈欣 | 在科幻的发源地，美国还是欧洲，科普和科幻是分得很开的，双方之间关系并不大。虽然一些大师的作品，像黄金时代的那种，坎贝尔、克拉克、阿西莫夫的作品，其中有很 |

多科普的内容，但是他们没有那么刻意去做，他们写科幻不是为了传播科学知识。在中国，这可能和鲁迅有关系，鲁迅翻译了凡尔纳的作品，他还写了一段文字给科幻小说定义，就是说，科学对我们国人来说，让人昏昏欲睡，但把它编成故事，就很生动，经以科学，纬以人文，这就成了中国科幻发展的一个定义了。这当然和鲁迅在中国至高无上的地位有关系，另外，也和中国的现实环境有关系。中国科幻是在清朝末年出现的，历经民国，这个时期正好处在中国呼唤强国因素的精神状态之中，所以科幻成为普及科学的一种工具。但到了20世纪50年代就完全工具化了，文学的功能十分淡化。有评论家认为是受到了苏联的影响，我不同意，因为当时的苏联的科幻已经出现了《仙女座星云》《太空神曲》这样的作品，这和当时的中国的科幻理念是完全不一样的。现在的中国科幻已经远远离开了科普的概念，但是在一般大众的心目中，科幻还是和科普联系在一起的。科普型的科幻曾经是中国自己创造出来的有中国特色的科幻文学的一种，但现在完全消失了，很让人遗憾，科幻当然不是为了科普而存在的，但是科普型的科幻还是应该和文学型的科幻同时存在，西方就有完全科普型的科幻，最著名的就是《二维国》，还拍过电影。但中国现在没有这种东西，很遗憾的一件事情。

刘怡　　你会尝试去做吗？

刘慈欣　这个并不容易，我们现在写的科幻，知识可以不准确，但是科普型的科幻要求知识不能不准确，这就要求很专业的人去写。我们现在的科幻作者的状态都是什么都知道一点，但也都不深，我的专业是能源技术、电力技术，显然和科幻关系不大，科普型科幻需要科学家们去写。需要既有专业知识、又有文学才能的人去写，像西方的彭罗斯、刘易斯啊，得是那样的人。

刘怡　　你怎么看中国的读者低龄化的现象？

刘慈欣　中国现在所处的时代和美国科幻的黄金时代很相似，美国那时候读者主体也是年轻人。可能科幻文学本身发展的前期阶段，就是有一种充满青春活力的、天真烂漫的东西，包括它对未知世界的描写，对探索欲望的展现，符合年轻人的思想状况。但是科幻经历了70年代新浪潮以后，美国科幻曾经极力讨好主流文学，向主流文学靠拢，试图获得主流的承认，他们把现代文学和后现代文学的表现手法用到科幻里面，让整个科幻文学的视角从宇宙收回来，越来越个人化，越来越内心化，这和青少年的状态是矛盾的。这个可能是他们读者断层的原因。当然还有其他很深刻的原因——技术发展、社会发展。中国现在正处于快速工业化的进程，现在各种机会、各种挑战、各种危险是并存的，我们的未来充满希望，同时也充满各种未知，在这种环境之下，科幻文学表现出来的精神倾向最容易得到人们的认可，现在的美国社会已经过了那种奔腾期了，已经出现老态了。他们的文化，他们的社会，不能说他们衰老了，但已经过了很青春的时代。那么人们对美国未来的期待，显然不如对中国未来的期待，更充满一种神奇色彩，中国未来的不确定因素更多，神奇的东西更多，但美国的未来，不是说它有多糟，而是没有什么可以期待的了。

刘怡 那照你的说法，中国的科幻文学会迎来它的黄金时代吗？

刘慈欣 这个说起来复杂了。现在整个叙事文学在多媒体的冲击下，都呈现了衰落状态，一种夕阳状态，科幻是在文学这个大船上，大船在往下沉，科幻文学自然也跟着往下沉，我一直在说，我们在一艘正在沉没的大船上扬起

风帆,这是从狭义上说,科幻作为一种叙事文学,不可避免地在衰落。但从广义上说,科幻渐渐由一种文学体裁变成了一种思维方式,这种思维方式渗透到社会、政治、经济的方方面面,这种思维方式以前是没有的,这是一种介于科学与文学之间的新的思维方式,那么从这个意义上说,科幻作为一种文化,必然会迎来黄金时代,但这个黄金时代本身已经把科幻泛化了。

刘怡 我们通常会认为,如果中国科幻可以迎来自己的黄金时代,那它不应该是只有一个刘慈欣,应该是群星璀璨,才有所谓黄金时代,你觉得会有这样的时代到来吗?

刘慈欣 有可能。首先,中国的科幻作家群体和其他的类型文学的作家群体还有点不同之处,他们更精英化一些,像中国的这些经常写科幻的十几二十几个作家里面,三分之一都有博士学位,这在其他的类型文学作家队伍里是看不到的。这些作品的欣赏趣味可能也和草根读者有一定的距离。这也需要出版方和相关的从业者,要靠他们去开发有潜在的读者。另外,像影视方面的进展也会推动创作的进展,所以说,出现一个繁荣的作家群是完全有可能的。

科幻需要情怀

刘怡 那你怎么看影像作品对推动科幻文学的关系？中国到目前为止，为什么没有出现自己的有质量的科幻电影？

刘慈欣 可能很多人不同意我的看法，科幻本质上就是靠影像来表现的一种作品。如果当初就可以用影像来表现，科幻小说就根本不会出现。科幻跟现实主义文学不一样，一个主流文学描写一个农场，描写一个家庭，马上人们就可以在脑子里出现画面。科幻完全不同，想象力越丰富的科幻文学，那个东西只存在于科幻作家的脑子里，人们迷恋文字的魅力有时候是盲目的，文字的魅力其实是极其有限的，有些东西你用再好的文字也是无法表现的，只有用影像呈现。很多人不承认这一点。其实，中国的科幻电影呼声是很高的，无论是民间还是官方，还是影视从业者，虽然目的都不一样，观众想看到，很容易理解，政府会觉得美国的科幻大片占据了我们这么大的份额，我们自己没有怎么行；至于从业者，好理解，这个东西赚钱嘛。这几年一直在努力。

刘怡	那为什么没有作品出来呢？
刘慈欣	此前，内地有很多中低成本的电影都意外的获得成功，《北京遇上西雅图》《致我们终将逝去的青春》《泰囧》《小时代》，这些一般投资在五千万左右，而票房少的拿五六个亿，多的十几个亿，拍一部具有一定质量的科幻，投资在两到三个亿，两到三亿就可以拍五六部刚才说的这些，五六部里面有一部成功就赚了，而要是投资两三亿做科幻，根本没有成功的把握，而且没有任何经验，太冒险了。当然，还有另外的原因。我参与科幻电影的策划三年了，最大的障碍在于，能拿到资源的导演根本没有科幻的情怀，科幻是需要情怀的。知识可以弥补，情怀没办法弥补。至于科幻的情怀是什么，我也很难一句话说清楚。我曾经陪一个导演去看《地心引力》，那个电影从头到尾透露着导演对外部世界对科学探索的一种感情，卡梅隆能乘着深潜器下到马里亚纳海沟，我给你钱，给你深潜器，你愿意去干这个事情吗？你有兴趣干吗？这才是最大的障碍。有情怀的新一代的导演出现了没有？出现了，新一代的很多的人有科学情怀，对电影也很熟悉，但是他们年轻，拿不到资源。所以我说，中国科幻电影的太阳可能从一个意想不到的地方升起。

什么地方？微电影。中国现在有很多微电影已经相当的科幻了，很成熟，技术、构思都非常成熟，这些年轻人能拿到大片资源的话，我们的科幻电影就会出现繁荣的局面。

刘怡　　我们可以回过头来讲你刚才讲到的科幻需要情怀的这个观点吗？这是值得深入去理解的一件事情。

刘慈欣　　对，这是非常关键的一点。这个可以往深了谈，比如从美学的角度，前一阵不是有那个嫦娥探测器的事情吗？我在网上看到一篇评论，他就说到了科幻的美学观，他说我们传说中的月球是很美的，嫦娥啊，吴刚啊，月桂树啊，结果现在月球探测器上去一看，不是那么一回事，什么都没有，生命都没有。虽然是这个样子，以前的那种美消失了，但这是一种理性，我们必须接受，这也是一个进步。这其实说出了主流文学和科幻文学在审美上的根本区别，科幻就认为真实的月球是美的，它有自己的美感，不一定是依照传统的审美，甚至不一定非得有人。

刘怡　　说一下你的《三体》大片吧，你对它会有什么期待吗？

刘慈欣　　得抱着一个宽容的心态，美国的科幻电影发展了上百年了,而中国的电影几乎是从零起步,在这种情况下,期待第一部高成本的科幻片又叫好又叫座,成为经典,几乎不可能。我还是希望观众和评论家能宽容一点。任何事情总要有个起步。能够起步,能够拍出来,就是一个成就了。我感觉现在大家对这个期待有点不太理智。你只有参与到里面才会知道,现在中国的电影人离科幻有多遥远。但我还是主张要拍科幻大片的,哪怕失败了,也有个经验在那里。

我面对着多血的史诗和悠远的大火

对话 / 张弘 VS 刘慈欣

张弘　　　　如果时间可以倒流,最想回到 2013 年哪天?

刘慈欣　　　2013 年 12 月 2 日这一天凌晨 1 点 30 分,我在西昌航天基地看到了嫦娥 3 号月球探测器的发射,十分壮观,很想再看一次。

张弘　　　　请回忆一下你在 2013 年做过的场景、意境很美或很恐怖的梦。

刘慈欣　　　我曾经梦到我站在一座山峰前,那山峰仿佛是水晶做的,通体透明,十分美丽。

张弘　　　　2013 年吃到的让你印象最深刻的一道菜?

刘慈欣　　　在西昌吃到的烤乳猪,皮脆肉嫩,十分美味。

张弘　　　　2013 年,读到的印象最深刻的书是哪一本?

刘慈欣	《奇点临近》，雷·卡兹韦尔（Ray Kurzweil）著，李庆诚、董振华、田源译，机械工业出版社出版。这是一本疯狂的书，疯在极致的想象，狂在最大胆的预测。本书对人工智能、纳米技术和基因工程学的推测已经远超过科幻的想象，以至于让我这样写科幻小说的人也倒吸一口冷气。其可贵之处在于，这些不是科学幻想，而是基于现在技术理论进行的严谨推测。作者预言在2030年左右，人工智能将远超人类智力，进而诞生一个我们想象的全新世界。不管书中的惊人预测是否成为现实，对大多数人所习惯的对未来的线性思维都是一个巨大的冲击。
张弘	如果在2013年末，你有机会在全国人民面前做一次演讲，你会讲什么主题？
刘慈欣	航天的主题。太空探索的意义，如同三亿年前生命从海洋走上陆地一样，不能只用目前的实用主义观点来衡量，要从哲学的高度来认识它，太空探索将带来新的文化和新的文明。
张弘	如果在2013年的最后一天，你被某电视台的记者当街拦下问"你幸福吗"，你会如何回答？

刘慈欣	我会回答我很幸福,因为我目前所从事的科幻事业就是我童年的梦想,这难道不是一件最幸福的事吗?
张弘	2013 年,最让你受不了的一项政府政策是什么?
刘慈欣	没有,我认为目前政府是务实和明智的,出台的政策都可以理解。
张弘	如果让你选一个 2013 年度人物,你会选谁?
刘慈欣	斯诺登。
张弘	除去当下的职业,你最想从事的职业是什么?
刘慈欣	电影制片人,可惜我没那么多钱。
张弘	如果你是记者,想问自己什么问题?
刘慈欣	为什么这么久还写不出新作品?
张弘	你最欣赏的科幻作家是哪几位?为什么?
刘慈欣	阿瑟·克拉克,因为他的小说充分展现了宇宙的深邃,表现了科学魅力,他也是科幻小说家中少有的乐观主义者。
张弘	你如何看待世界末日?
刘慈欣	如果所有人都会死,那就是一件能够平静接

受的事。

张弘	最想和你科幻故事里的哪个角色做朋友?
刘慈欣	和《三体》中的罗辑,因为他是一个生活随心所欲的普通人,但能够在需要时承担起自己的责任。
张弘	《三体》已经完结并大卖,但整个过程中有没有令你感到遗憾的部分呢?
刘慈欣	故事的结构还可以更完美一些。
张弘	你写的所有小说中的情景,你最希望亲身经历哪个?
刘慈欣	我希望能够像《三体Ⅲ》的主人公那样,跨越时间到宇宙的未来。因为人的生命是十分有限的,我们总是希望自己能够有更多的经历,看到更多的新世界,这也是科幻小说的精神核心。
张弘	如果赠你一盏到2014年年底过期的阿拉丁神灯,你最想许哪三个心愿?
刘慈欣	一是能去太空旅游,二是让自己的一部小说拍成电影,三是能有一个让我兴奋的科幻小说创意。

张弘	如果你在2014年突然被要求做总统，你希望是哪个国家？为什么？上任第一件事你想做什么？
刘慈欣	我希望是美国，上任第一件事是启动载人登火星工程。
张弘	你的计算机写诗程序写出的最让你震惊的诗是怎样的？
刘慈欣	我面对着黑色的艺术家和荆棘丛生的波浪

我看到，刺眼的心灵在午睡，程序代码在猛击着操场

在这橄榄绿的操场中，没有货车，只有蝴蝶

我想吸毒，我想软弱地变黄

我面对着光灿灿的冬雪和双曲线形的霞光

我看到，青色的乳房在漂荡，肥皂在聆听着海象

在这弱小的春雨中，没有贝多芬，只有母亲

我想上升，我想呼吸着歌唱

我面对着宽大的小船和透明的微波束

我看到，枯死的渔船在叫，蒸馏水在铲起羊

在这多孔的青苔中，没有夏娃，只有老师

我想冬眠，我想可恶地发光

我面对着多血的史诗和悠远的大火

我看到，生机勃勃的战舰在沉默，透明裙在爱抚着操场

在这曲线形的奋斗者中，没有月光舞会，只有风沙

我想摆动，我想粗糙地惊慌

我把下一部小说全部作废了

对话 / 胡雯雯 VS 刘慈欣

这位毕业于华北水利水电学院，曾任计算机工程师的"理工男"，自从20世纪90年代开始发表科幻作品后，便一发不可收拾。其中，他的《三体》三部曲更是一版再版，翻译成英文后推向海外市场，被媒体和读者抬高到"中国科幻文学里程碑之作"的地位。

刘慈欣的写作，构思宏大，善于将极端的空灵和厚重的现实结合，注重表现科学的美感，又兼具人文关怀。通常，科幻小说似乎并不被主流科学家看好，甚至被后者轻视，但大刘的书是个例外。李淼坦言，自己是偶然在书店翻到《三体》的。第一次读了几页就放下了。后来再捡起来，就一本接一本地读了下去，直到把他之前所有作品都看完。"他的书特别有想象力。看了大刘的东西，就像看金庸一样，你都不想看别的同类作品。大刘对物理学非常熟悉，这是让人吃惊的，他想探索现代物理学给未来提供的无限可能性。"

既是理论物理学大师，也是诗人和科普作家的李淼，笑言自己在看《三体》时，一面想学大刘的长处，另一面也想挑挑缺点。有趣的是，他的《〈三体〉中的物理学》并不像大家期待的那样，在挑《三体》里的漏洞。他更着重的还是借助三体来介绍物理理论，并利用轻松的文本和各种有创意的例子，比如描述真正的三维物体进入四维空间时发生的变化等，让人脑洞继续扩大。

在大刘看来，能引来真正的科学大师以其为灵感，用前沿科学理论让它进一步延伸，可能是一部科幻小说的最大成果。"科幻小说可能是科学催生的，但它不是为了普及科学，而是借助科学来丰富故事资源，构造更好的故事。科幻作家当然要提升科学水平，但你再提升也有限，达不到专业水平。这个时候，就需要真正的科学家不断鼓励他们去写，去开发更多的故事资源。科学和科幻是一对好基友，它们的感情发展了一两个世纪，现在在西方它们有闹别扭的趋势，但是我作为中国的科幻作家，希望这对基友的激情持续下去。"

胡雯雯	是不是所有人都在问，您的下一部作品什么时候出来？
刘慈欣	唉！我其实已经写了一部，而且写了两三年，但现在全部作废了。突然感觉这个故事失去了吸引力。这是一个作家的噩梦……我采用的，并不是商业写作的手法，没有套路，所以每次都写得很慢很痛苦。我想追求独特的想象，如果别人也想到了这些，我就失去了创作的激情。美国人写科幻题材，不

光构思框架，还要把细节都想好，才抓紧时间赶快写的。我下一部作品已经构思了两年，刚刚想到一半。

胡雯雯 您监制的电影《三体》开拍了吗？据说宁浩的《疯狂的外星人》中您也是编剧，是不是想将电影作为一个创作方向？

刘慈欣 《三体》在小兴安岭开机了，我没去探班。因为我能起的作用，主要在视觉上，比如宇宙飞船、外星人来了，银幕上该是什么样子，要做成什么特效。确实，视觉化的科幻表达有个好处，因为很多画面是文字难以描绘的。我创作时也是先出画面，再写语言。但我没有那个能力和资源啊！我要是能拍电影，早就当导演，不写小说了。我很羡慕一些可以自己当导演的作者。

胡雯雯 如果选个好莱坞导演来拍您的作品，最想让谁拍？

刘慈欣 很多啊，诺兰、斯皮尔伯格、卡梅隆……但是我的书给国际大导演看过，他们似乎完全不感兴趣。为什么？人家愿意看你的书就很不错了。你还问为什么？好莱坞选片是有一套严格的标准流程的，他们看事情的角度不一样，我们不要一厢情愿。

胡雯雯	您构思的事物,有什么是未来很可能实现的吗?比如太空电梯?
刘慈欣	这是个材料学的问题。我曾经收到过一个华裔科学家送的礼物,是一根小绳子,我非常喜欢(可惜珍藏得太好,后来找不到了)。他说这是目前最好的碳纤维做的,里面的丝抽出来,可以延长四百多公里而不折断。太空电梯有三万多公里,四百公里还有点差距,什么材料才能拉这么长不断,又能承重呢?但在我前段时间作废的小说里有个场景:一个天才工程师想到个折中办法,每四百公里加一个推进器,让每一截电梯的强度和张力重新开始。但推进器要二十四小时不间断工作,需要一种很神奇的能源。这里我就先不剧透了。
胡雯雯	当得知有理论物理学大师在研究你的书时,你是什么反应?
刘慈欣	忐忑不安。我之前就知道李淼老师,知道他是个科学家,诗和小说还写得很好。我其实不是怕他挑出漏洞来,这太正常了,科幻小说又不是写给专业科学家看的。当然,宇宙幻想小说可以给生物学家看,生物小说可以给物理学家看,这是互相启发。但要到科幻

小说里挑漏洞,你算来对地方了。那我到底怕什么?怕他像别的读者一样赞扬这本书,那他的形象就在我脑海里毁掉了,他肯定是冒牌的科学家。当他说后面两本读不下去时,我悬着的心就放下来了。

胡雯雯 但他后来又看下去了,还连看了两三遍,并就着它写了书。

刘慈欣 是的,我觉得,当科幻作品把人的注意力吸引到现代科学展现的世界观后,人们想要比较准确的知识和内容,就需要科学家来进一步地工作,写出面向大众的科学传播著作。今天《三体》能够引出李淼写这样一本科普读物,也是我作为作者感到最大的欣慰之一。

胡雯雯 如果火星移民计划可行的话,您会去吗?

刘慈欣 我觉得这个移民计划就是个骗局!参与的人对上火星的技术一无所知,才会花这么多冤枉钱。一句话,在地球的沙漠上做一个自循环的生态系统都做不出来,你能在火星上住?活一个月估计就差不多了。火星移民计划预算说是 60 亿,当年登月亮花了 260 亿,比现在的 2600 亿还要多。根据严肃的预算,登火星起码要 5000 亿,差一点也不能差太多吧!所以我觉得这个计划不靠谱。

胡雯雯　您最近在看什么书？电子书跟纸质书更喜欢哪个？

刘慈欣　如果一本书同时有电子版和纸质版，我一定会看电子版。你一个写科幻的作家，就要用前沿的方式。人们都在哀叹纸书的衰落，好像电子阅读就不是阅读一样！纸业取代了竹简，所以竹简就很古雅，纸就很低俗吗？这个电子化的转型是必须的。

　　我最近在看的是奥尔迪思的科幻史《亿万年大狂欢》，之前在看布莱恩·阿瑟写的《技术的本质》，还有《隐藏的现实》，都是很值得推荐的书。但到现在为止，还没有一部能超越当初把我吸引到科幻领域的《2001：太空漫游》。

科幻不应把科学技术妖魔化

对话 / 陈竹 VS 刘慈欣

刘慈欣是当代中国最红的科幻作家,也是以写"硬科幻"著称的作家,在他看来,科幻最本质、最核心的东西就是与科学技术有关的创意。

令他担忧的是,现在的科幻写作与他所认为的科幻精神——天真的思维方式、大无畏的童心、开拓进取的精神、对科学的积极态度渐行渐远,而是在向把科学技术妖魔化、把未来黑暗化的方向发展。

科幻的骨子里是天真

陈竹　你的作品《三体》获得第九届全国优秀儿童文学奖,因为科幻文学在很长一段时间内都被归为儿童文学门类,承担着引发孩子科学兴趣的责任。对科幻的这种功能你怎么看?

刘慈欣　以前的科幻作品确实能够产生这种效果,能够激发孩子对科学的兴趣、好奇心，开阔视野，包括凡尔纳，还有"科幻三巨头"海因莱因、阿西莫夫、克拉克的一些作品，都有很明显的少儿文学倾向。

明末清初，中国科幻一诞生就承担着使命。后来，不管是梁启超的《新中国未来记》，还是鲁迅先生翻译的凡尔纳小说，都是为了传播科学，开启民智，有着很明确的使命感。到了20世纪50年代，受苏联影响，科幻发展到了极致，就是为了普及科学。这导致那时的科幻小说在文学上很简单，里面的人物塑造、文学手段都被当成普及科学的工具。那时的科幻是百分之百的儿童文学，里面常有一个白胡子的科学家为大家解答问题。许多中国人心中的科学家形象就是在那个时候形成的。当然也有例外，比如郑文光的一些作品。

陈竹 科幻文学似乎总是更受充满好奇心的年轻人欢迎。这是为什么？

刘慈欣 这是很自然的现象。科幻文学，至少是我写的这些，骨子里就有很天真的东西，这和孩子的思维方式有相通之处。如果一个人完全没有了童心，那科幻文学对他也就没有吸引力了。我受克拉克的影响很深。他的墓碑上有他的一句话:"我从来没有长大过,但是从来没有停止成长。"这是科幻文学的一个很本质的东西,科幻文学从来没有长大过,但也没有停止成长,它总有一个天真的核心在里面。黄金时代"三巨头"的作品,特别是克拉克的,都有很天真的东西。既然我们在幻想未来,那就证明我们身上还有没有老去的东西。

陈竹　你所说的这种天真的内涵是什么,对孩子能有什么样的影响?

刘慈欣　天真不等于浅薄和幼稚,这里的天真是一种信念,一种思维方式:坚信人类可以了解宇宙,通过科学可以创造出种种奇迹,开拓美好的未来;坚信人在宇宙中可以生存下去,可以看到宇宙中最精彩的奥秘,能航行到宇宙的边界。

　　你说这个东西天真不天真?现在的科学技术能为我们揭示的人所能达到的能力,是远远低于科幻小说中所描写的能力的。你要是没有大无畏的童心,肯定不会往这方面想。

　　所以在本质上,科幻文学和儿童文学的思维方式有相通之处,科幻的这种天真,也能够吸引孩子对科学的兴趣,对探索宇宙奥秘的兴趣。

当然，这是科幻文学中的一类，像反乌托邦文学《1984》，天真吗？肯定不天真。但我所喜欢的科幻文学是天真的。

我不赞同现在的科幻把科学技术妖魔化

陈竹　　　现在像 20 世纪 80 年代及以前那样的科普型科幻似乎已经销声匿迹了。而相对于描写未来科学带来的奇迹，很多科幻作品似乎更致力于描述科学技术带来的负面效应，展现出黑暗的人类、地球和宇宙的未来。你对科学的态度是什么样的？

刘慈欣　　现在的科幻已经很复杂了，开始面向成人了。整体的科幻发展趋势都是在把科学和技术妖魔化，它们描写的未来很黑暗，认为这个黑暗是由科学导致的。

我是一个对科学持正面评价的人。科幻一方面可以展示科学的神奇，另一方面还可以把不同的未来世界摆在我们面前，使我们的思维更开阔，哪怕是黑暗的，也至少给你一种可能性。

科学技术本身没有好坏，关键看我们怎么应用。但是不发展技术的危险更大，人类一个星期之内就会崩溃。举个例子，粮食不能吃太多，吃太多会"三高"，但这不能影响我们对粮食的尊重，没有粮食，我们活不下去。科学和粮食的地位是一样的，尽管有各种负面作用，但没有它不行。要尊重它，不能把它妖魔化、黑暗化。

所以我是不赞同现在科幻小说的趋势的。

陈竹 20世纪70年代末、80年代初是科幻作为一种儿童文学形式达到巅峰的时代，为什么科幻会一下子由儿童文学变成"黑暗文学"？

刘慈欣 20世纪80年代后，科幻作家就有一些反动的趋势，像是要摆脱儿童文学这个名声的枷锁，以至于科幻界产生了"儿童文学恐惧症"，生怕和儿童文学沾边。科幻界也开始挣脱科普的镣铐，结果到现在走向了另一个极端，科普型的科幻完全看不到了。

这是整体的大趋势，不光是科幻，还有其他的文学，现代派文学和后现代派文学等，都有一个共同的特点，就是本身充满死亡的、坟墓的气息，很少见到乐观的、阳光的东西。科幻属于文学的一种，所以这种大环境它也逃脱不了，甚至表现手法各异。特别是新浪潮运动后，科幻要向主流文学靠拢，不可避免地要受到这方面的影响，所以你写光明的、乐观的未来，就变成了浅薄、幼稚。

陈竹 按照你的说法,整个人类社会都得了抑郁症,科幻文学也得了抑郁症,偏离了传统科幻的轨道。

刘慈欣 早期的科幻文学有进取精神,就像《天渊》最后的那句话一样:"我们学习、再学习,飞得更高、更快、更远。"也像《星际迷航》的最后一句话:"宇宙就是我们最后的边疆,我们要探索无穷的未知世界。"整个是一个很进取的心态,一种人类没有抑郁症的那个时代的心态。就像大航海时代,我管他航海为了什么,目的未必崇高,可能也是为了赚钱,把香料弄回来卖,但是很开拓、很进取,会给人带来积极的影响。

现在的这个人类社会渐渐地变得内向了,我们已经不再向外进取了。前段时间,美国一个宇航局的负责人说过一句话,很有意思。他说,20 世纪 70 年代我们登月,我还是宇航局的一个年轻工程师,那时间我周围的人,百分之九十都认为我们二十年之内要登上火星,而现在,百分之九十的人认为我们二十年之内连月球也去不了。就这么个差别,进取心没有了。

不止科幻,整个西方的航天事业都非常没有进取心。航天事业就是人类现在的精神状态的一个非常明显的指南针。现在航天的发展变得越来越实用了,以前的目标在天上,在宇宙中,现在的目标在地上,我往上飞,是为了下面的人过得更舒服。这个心态会影响到科幻小说,使得科幻小说的那种向更高、更远的边疆开拓的心态完全消磨掉了。

科幻文学正因"去天真化"而衰落

陈竹　　对于这种黑暗化的倾向,除了大时代的影响,还有科幻文学自身的原因吗?

刘慈欣　　阿西莫夫在自传里对这个现象说过一句话:"美国的科幻文学发展起来以后,外面很多人都看到这是一块风水宝地,一个能赚钱的地方,所以很多从事其他文学的人都纷纷涌入这个领域。这些人对科学没有同情心。"

　　国外和咱们中国一样,社会科学领域、文学领域的人对科学的态度,和理工界对科幻的态度是完全相反的。这两者是泾渭分明的两大阵营,一边是科学主义,一边是反科学主义。所以很多对方阵营的、反科学的人都进入了这个领域,而这些人就像阿西莫夫说的一样,他们是对科学没有同情心,对未来没有乐观心态的人。

当然，导致科幻文学成现在这个状况的原因很复杂，和社会大环境也有关系，和科学技术目前的发展状况也有关系。但是总的来说，从专业的角度来说，现在的科幻文学，用它启发孩子对科学的热爱真的是很难，至少目前是这样，国内国外都一样。

陈竹 科幻新浪潮运动以后，一些科幻作家的描写侧重点由科技和宇宙变成了社会和人性，之后美国的科幻文学反而走向了衰落。在你看来，这种衰落是否与"去天真化"有关？

刘慈欣 美国科幻文学的衰落就是因为抛弃了当中很天真的东西，科幻文学主动地做出努力，向文学靠拢，最后也不成功。这个过程就是把天真的东西抛弃的过程，也是它一步步走向衰落的过程。它在失去一些东西，一些很核心的东西。这让年轻的读者远离科幻。

相反，美国科幻电影之所以现在兴盛起来，也恰恰是因为把握住了这种天真的东西。美国的科幻电影和科幻文学差别很大，现在的科幻电影风格为什么取得这么大的成功，除了制造奇观，还有另一方面的原因，就是好莱坞出产的科幻的核心文化确实是很天真的思维方式，很像是20世纪30年代到90年代科幻黄金时代的风格，《星球大战》电影里核心的东西就是很天真的。

当然,美国科幻衰落的原因是多方面的,比如动漫、新媒体把青少年都吸引过去了。有一次在美国一个城市开世界科幻大会,里面的读者年纪都很大,但是就在距它不远的另一个城市在开幻想文学的大会,包括奇幻、游戏,那里面全是年轻人。

陈竹 你反对科幻的黑暗化,但在很多人看来,《三体》中描写的未来也是黑暗的,因此有人不赞成它获得儿童文学奖。你觉得你的《三体》适合中小学生看吗?

刘慈欣 现在的中小学生阅读状况我不太了解,我女儿就不太看得了这个,总的来说,我的书面向的是年龄更大的读者,初中生应该可以,小学生不好说。初中生现在的阅读水平很高,思想已经很复杂了,见过很多东西。你看看现在作协评出来的给初中生看的小说,也是相当深刻的。我描写黑暗,是因为黑暗的故事更好写、更刺激,黑暗的未来更容易使矛盾冲突更吸引人,而且把人物放在黑暗之中,更有张力。其实,我说的有进取心的科幻,并不是和谐的、一片光明的科幻,而是说作品是有进取精神的,人物是在奋斗之中的,而不是屈服于黑暗,很绝望、麻木的一种状态。

要把科幻作为一种带有使命感的、给青少年看的读物,这种黑暗化的影响是不得不考虑的一个问题。比如现在广为流传的,有人把丑小鸭的故事改成了黑暗童话,这样的科幻文学对孩子的影响很复杂。

关于科幻的十问十答

对话 / 陈楸帆 VS 刘宇昆 刘慈欣

陈楸帆 其实,大部分中国读者分不清科幻小说与奇幻、玄幻的区别,或者一说起科幻就会联想到飞碟、外星人等固化印象,能否请你们就科幻小说这一文类做出自己的定义或描述?

刘宇昆 随着时间推移,科幻小说发展到包容许多亚文类。一种我喜欢的定义是,它包括任何带有推测性元素的小说,只要明确排除超自然魔法。这意味着科幻包括硬科幻(基于已知科学规律及原则基础上的推演)、软科幻、社会学科幻、政治反乌托邦、架空历史、科幻奇幻(Science Fantasy)、科技惊悚,等等。

刘慈欣 众所周知,科幻文学现在也没有一个确切的公认的定义,或者说曾经有过,现在又变得越来越模糊了。我专注于创作,进行的理论思考不多,只能套用别人的定义:科幻小说描述基于科学的想象世界，它描写的世界是超现实的，但不是超自然的。但很显然，这只是一个"原教旨主义"科幻迷的定义。至于中国读者分不清科幻与奇幻倒不是重要的事，有时候连我们都分不清。他们只要能分清好看和不好看的幻想小说就行，我们努力使自己的作品更好看些，最后就能使他们认识科幻是什么。

陈楸帆 最近评论家 Paul Kincaid 在《洛杉矶时报》上发表书评，认为"科幻作为一个类型已经到了枯竭的状态"，这种论调曾经在历史上出现过许多次，对此你们有何见解？

刘宇昆 每次出现这样的预测，这一文类便会发展壮大，变得更有活力、更有趣。因此，我欢迎这样的预测，因为他们的意思是，科幻已经深深嵌入文学文化中，以至于那些自认为不喜欢科幻的读者正不自觉地读着受其影响甚至包含科幻元素的作品。

刘慈欣 宇昆对此所持的乐观态度令我钦佩，但我没有这么乐观，我认为也许这一次（或下一次）狼真的来了。科幻文学确实面临着前所未有的挑战，我个人认为，科幻衰落的最深层最本质的原因正是科学技术本身，科技神奇感的消失以及由此产生的对未来期待的平淡化，是科幻文学所面临的最致命的打击。科幻的世界以迅雷不及掩耳之势迅速变成现实。人们有一个特点，就是对变成现实的奇迹很快麻木。比如现在的智能手机，集移动通信电台、电脑、互联网络、数码照相机、数码摄像机、数码收音机、GPS定位装置、影音播放器、重力感应装置、温度计、手电筒等于一体，方寸之物可以随时与地球的任何地方进行通讯和网络连接，它所集成的设备以前要用一辆小车才能装下。我曾经统计过国内科幻小说中曾出现过的移动通信设备，大多数在功能上还不如现实中的手机，也就是说，科幻的神奇梦想现在装在每一个人的口袋里，但大家都把这当作一件最平常的东西。

另一方面，正如宇昆指出的那样，科幻作为一种文化形式渗透到社会文化的方方面面，除了他所提到的科幻因素进入主流文学，科幻符号和表现方式也大量出现在其他社会经济领域，这种科幻因素的泛化无疑冲淡了科幻文学本身的存在感。

但我对科幻的未来还是乐观的，以上这些挑战，仅靠提升科幻小说的文学品质是不足以应对的，科学技术的发展提供了丰富多彩的故事资源，我们必须正视科幻文学的本质和核心,科技的神奇感是科幻的生命力之所在,我们必须创造出更多的、更大的神奇,保持年轻的心态,使自己的想象力与时代同步。科学、幻想和文学是人与其他动物最大的三个区别,这三者的结合体更是具有强大的生命力,将与人类文明同在。

陈楸帆　今年以刘宇昆、余丽莉为代表的华裔科幻作家在权威奖项上屡有斩获,加上之前姜峰楠(Ted Chiang)的成功,您认为华人科幻作家(泛指)在世界科幻版图中是否占有一定的位置?您觉得中国文化因子在其中扮演了什么样的角色?

刘宇昆　毫无疑问,华人作者正在进行创新的、有趣的工作。在我读过的华人作者中,中国文化影响他们的写作正如美国文化影响美国作家的写作。在我看来,这是必然的,作家从特有的文化视角出发写作,被构建的同时也构建出他们投身其中的文学传统。

　　现在的问题是,提高他们在西方的曝光率从而使他们的作品得到欣赏。

　　至于华裔美籍作家,我只能代表我自己,我明显感到双语和双文化背景是我观点中的重要部分,对于中国及美国文化的认同令我深感骄傲,同时塑造我的写作。

| 刘慈欣 | 美国科幻发展到今天,本身也需要充入新鲜的空气,华裔科幻作家以他们与西方不同的文化背景给科幻文学带来了新的感觉。之前虽由西方作者所写但充满东方色彩的《发条女孩》的成功也说明了这点。以上无疑是华裔作家受到关注的原因之一,但这也与他们自身的能力和才华密不可分。随着国际交流的扩大,华人在西方各领域所具有的分量和影响力在不断增长,他们当然也会在包括科幻在内的文学领域显露自己的才能。

作为一名科幻作者,我现在更期待能有美国或欧洲的科幻作家到中国来写作(南希·克蕾丝好像半开玩笑地表达过这种愿望),与中国科幻作家竞争这个庞大的市场并取得成功,像郝尔那样。本来,科幻的世界应该是一个不分种族的大同世界。|

| 陈楸帆 | 大刘的《三体》三部曲翻译成英文出版,国内的读者或者舆论出现了"中国科幻大国崛起"的论调,在你们看来,这种论调是否成立?为什么? |

| 刘宇昆 | 我不认为我能够对此问题提供成型意见,因为我发现很难预测读者口味趋势以及什么样的故事会令读者产生共鸣。我当然希望西方读者将有更多机会欣赏到我有幸阅读到的中

国作家的精彩作品。

刘慈欣 我觉得这更像个笑话。所谓的"大国崛起",按常识应该是一个国家在世界上崛起,而不是拔着自己的头发在国内"崛起"。到目前为止,中国科幻没有产生有世界影响的作品,甚至真正译介到国外的作品都少得可怜。事实上,现在世界其他地方的多数读者可能根本不知道中国科幻的存在。他们听到中国科幻,就像我们听到埃塞俄比亚科幻或菲律宾科幻、越南科幻一样感到惊奇,尽管我知道菲律宾和越南确实有科幻。《三体》英文版和韩文版,出版后的影响仍是一个未知数,在每年出版一千多种科幻长篇的美国,也很难有太乐观的预测,只是具有一个开拓的意义吧。

作为一个中国的科幻作者,我感觉中国科幻文学不应该以什么"大国崛起"作为目标,在中国的现代化进程中,我们不再面朝黄土背朝天,不再只盯着眼前的一亩三分地,我们开始对未来有了基于科学的向往和期待,我们对自己生活之外的宇宙也有了神游的欲望,对于包含整个人类和整个宇宙的终极问题也有了自己的思考,我们通过科幻小说把这些描述和表达出来,让更多的人分享我们的想象世界,不管他们是中国人还是外国人,这就够了。

陈楸帆 无论是美国还是中国,科幻作品的市场影响都远远不如奇幻,你们觉得目前中美科幻发展的真实现状如何?瓶颈何在?有何可能的对策?

刘宇昆 常会有对于科幻市场"衰亡"的担忧,事实上,如今有更多的科幻小说被消费。虽然主要在电影、电视和游戏领域,但所有这些媒体根植于文字中。伟大的写作依旧在进行着,只是不一定以传统形式。

我认为,科学总能引起大众兴趣,推测科技影响永远会是读者感兴趣的内容。

个人而言,我认为那些花时间了解科学的作者会写出更有趣的故事。最好的猜想永远来自坚实基础。

刘慈欣 美国科幻也不如奇幻吗?出版市场不太清楚,但至少从影视方面看不是这样吧,至少两者是平分秋色的。至于国内市场,同整个文学大环境一样,科幻阅读也正在向电子媒体转移,这是一件好事,科幻当然应该用科幻的方式去读,但这无论对作者还是出版者都是一个挑战,由传统的方式去适应并不容易。同时,在不远的将来,国内科幻影视方面可能会有一个爆发式增长,科幻正在以越来越多的新形式存在并发展。好在如宇昆所说，所有的表现形式都能从文字创作上找到源头，这对我们作者是一个安慰，不管科幻的形式变成什么样子，编故事想创意的人还是需要的。

陈楸帆　　我从世界科幻大会上看到大多数参会者都是老人，这与中国科幻大会上的年轻面孔形成鲜明对比，这是否代表真实情况？在你们看来，中美科幻作品之间的差距有多大？

刘宇昆　　参加世界科幻大会的成员确实年龄越来越大。但其他集中在游戏、漫画的大会则吸引了年轻人群。我并不是特别担心"年轻人对科幻不感兴趣"这个问题。

　　　　　至于中美之间比较，我不认为我有发言权，因为我不了解中国市场。在美国，科幻小说有时仍被视为"不严肃"，但主流小说中大量使用的科幻元素则被严肃对待。我认为，这主要是贴标签和过时成见的问题。

刘慈欣　　宇昆指出，在美国的包括其他新媒体的幻想文学会议上，还是年轻的受众居多，我们以前总是谈美国科幻读者的老龄化，却忽略了这一点。这又是上面那个话题：科幻正在向新媒体转移，只是人家转移得比我们更快。这种现象迟早也会在国内出现，或者已经出现了,作为作者和出版者,应该积极参与这些新媒体的运作。只能说,科幻本身显得越来越科幻了。

谈到中美科幻之间的差距,如果仅从文学方面来比较是一件比较复杂的事,毕竟不同文化背景间的不同读者欣赏取向有较大的差别。比如西方科幻有很强的基督教文化背景,中国读者虽然不至于完全不熟悉,但缺少认同感,这就导致像《异乡异客》这样的作品在国内接受度不高;同时,中国处于工业化和现代化进程的初期,科幻文学中的未来观和宇宙观对于西方来说可能有些初级和幼稚的感觉。另一方面,人类对文学的感受毕竟有共通的地方,从一个普世的文学标准来看,在问题中提到的作品题材、风格的丰富性,以及文学的成熟性上,中国科幻与美国相比仍然有较大的差距。

与主流文学不同,科幻作为一种类型文学,对一个国家科幻水平的判定除了文学方面,还有其在本国和世界的影响力方面。与文学方面的比较相比,这方面的比较相对简单明了,有数据说话。在这方面中国科幻与美国相差的显然不是一点半点,而是根本不在一层次上。美国一年出版的科幻长篇有上千种,中国今年在"崛起"中应该也没有过百，影视就更不用说了。

陈楸帆 你们都看过对方的作品，能否对对方作品做一个评价？

刘宇昆 我只能作为一个美国读者来评价刘慈欣的作品。我敢肯定中国读者会有不同的观点。

在刘慈欣的作品中，我可以看到一种独特的视野，生发自中国经验，描绘科技与生活之间的关系。

西方科幻往往聚焦于那些具有优先权、能够理所当然接触到科技的人物生活，甚至当不在这种情形下，作家会下意识地复制权力对于无权者的居高临下态度。西方科幻对发展中国家的描绘，往往是拾荒者、抄袭、垃圾回收的机会主义者，而不是创新者。这是真实世界范围内权力及技术失衡的延续。

但在刘慈欣的作品中，他聚焦于非特权阶层，将他们的生活放在中心。如《乡村教师》中，人类命运被绑定在乡村中国一些穷困学生展示我们物种潜能的能力。这篇描述充满毁灭性的美。它提醒我们，这个星球上的大多数人并非生活在21世纪。然而无论贫穷富有，受过教育或文盲，西方或发展中国家，都是同一物种的成员，具有相同的权利与潜能。我们必须要解决的是不平等的技术访问和不平等的权力。

刘慈欣同样带来了许多传统中国概念中的积极描绘,这是西方科幻所缺乏的。例如《赡养上帝》和《三体》中对中国历史的广泛引用,提醒我们,以西方为中心的人类历史观是局限的、非普世的。此外,他所描绘的普通中国家庭生活充满了中国传统价值观,正面、光明。在西方对当今中国的书写中,往往将中国描绘为一系列与现实并无太多关系的负面刻板印象,刘慈欣的作品正是有效的解毒剂。

刘慈欣 读刘宇昆的作品,第一个感觉就是在感情上有许多相通的地方,这种感觉在阅读西方本土作者时是没有的。这并不是因为西方作者不写感情,而是宇昆的作品中融入了东方文化的原因。中国文化和东方文化中许多美好的东西在他的作品中得到了珍视,这些文化元素融入了科幻想象之中,在十分精致的构思和故事中得到表现,产生了一种难以言表的美感。在谈到《乡村教师》时,刘宇昆告诉我,他在为中国海外教育基金会做法律顾问,关注中国贫穷乡村教育问题。我自己是一个中国科幻作者,长期生活在基层社会,但对中国文化、历史和现实的了解都比较表面化,不得不说,比起我的小说来,刘宇昆的作品拥有更加深厚的东方文化底蕴。

　　从科幻角度来看，刘宇昆的科幻构思不仅极有独创性，且都十分巧妙精致，富有诗意，像那些充满生命灵气的折纸艺术品，无论是《结绳记事》《爱的算法》，还是《终结历史的人》，都让人回味无穷。科幻创意令人震撼的不少，但有诗意让人回味的不多，这是刘宇昆的珍贵之处。

　　有一点遗憾：目前为止，刘宇昆的小说都比较短，渴望早日看到他的长篇。

陈楸帆 　大刘已经卖出了许多作品的影视版权，Ken 也尝试过剧本写作，对于科幻作品的影视化，你们有什么看法，最希望自己的哪部作品被改编成电影？

刘宇昆 　我热爱电影，最近我刚签完合同，Charming Stranger 电影公司将把我的短篇《真正的艺术家》拍成电影。

　　我不确定哪部作品能改编成好的电影，也许是我和妻子正在合作的这部长篇小说……

刘慈欣 　我最希望改编成电影的是《球状闪电》《超新星纪元》，还有《微纪元》等短篇，另外像《赡养上帝》《思想者》等都能拍成成本较低的比较边缘的科幻片，《白垩纪往事》可以拍成动画。

至于大家都看好的"三体"系列，我当然也希望能拍电影，但它的主题与现在的主流科幻片有一定差异，这带来了许多困难和挑战。

陈楸帆 写作对于你们的生活意味着什么？目前遇到的最大困难或阻碍是什么？

刘宇昆 写作对我来说是一种探索问题的思考方式，最近我发现自己写了太多取悦他人的作品，我想回到取悦自己的写作上来。我感觉自己最好的作品，不是为了发表而写的那些，而且往往很难卖得出去。也许我在自己身上施加了太多关于发表的压力，没有足够重视去写作那些我感兴趣的故事。

刘慈欣 写作对于我是一个人生的寄托，现在也是生活来源之一。现在遇到的最大困难是不能熬夜了，晚上感觉很累，电影都不能看了，更无法写作，以前从没这样。到我这岁数，这似乎很正常，没什么大不了的，但对于我这样打算写长篇的业余作者，从创作生命上说几乎是得了绝症，因为我这年龄正处于各方面负担最重的时候，有工作，上有老下有小，白天是没有多少时间可用于写作的。

陈楸帆	你们写作的下一步计划是什么？
刘宇昆	我正在与我的妻子合作一部长篇小说，我当然希望它能早日完成。我还有另外两个长篇试图勾勒提纲。我会暂时从短篇小说中抽身，以集中精力于长篇上。
刘慈欣	下一步还是写长篇，但目前还没有做好准备。《三体Ⅲ》出版两年了，很惭愧，但如上面所说，精力就这么多，只能顺其自然。

两百年后的世界
——给女儿的一封信

亲爱的女儿:

你好!这是一封你可能永远收不到的信,我将把这封信保存到银行的保险箱中,在服务合同里,我委托他们在我去世后的第二百年把信给你。不过我还是相信,你收到信的可能性更大一些。

现在你打开了信,是吗?这时纸一定是比较罕见的东西了,这时用笔写的字一定消失已久,当你看着这张信纸上的字时,爸爸早已消逝在时间的漫漫长夜中,有二百多年了。我不知道人的记忆在两个多世纪的岁月中将如何变化,经过这么长的时间,我甚至不敢奢望你还记得我的样子。

但如果你在看这封信,我至少有一个预言实现了:在你们这一代,人类征服了死亡。在我写这封信的时候已经有人指出:第一个永生的人其实已经出生了,当时我是相信这话的少数人之一。我不知道你们是怎么做到的,也许你们修改了人类的基因,关掉了其中的衰老和死亡的开关,或者你们的记忆可以数字化后上传或下载,躯体只是意识的承载体之一，衰老后可以换一个……我还可以想出其他很多种可能，但有一点可以肯定：不管你们的生命已经飞跃到什么样的形态，你还是你，甚至在你所拥有的漫长未来面前，你此时仍然感觉自己是个孩子。

你收到这封信，还说明了一个重要的事实：银行对这封信的保管业务一直在正常运行，说明这两个多世纪中社会的发展没有重大的断裂，这是最令人欣慰的一件事，如果真是这样，那我的其他预言大概也都成了现实。在你出生不久，在我新出版的一本科幻小说的扉页上，我写下了："送给我的女儿，她将生活在一个好玩的世界。"我相信你那时的世界一定很好玩。

你是在哪儿看我的信？在家里吗？我很想知道窗外是什么样子。对了，应该不需要从窗子向外看，在这个超信息时代，一切物体都能变成显示屏，包括你家的四壁，你可以随时让四壁消失，置身于任何景致中……

你可能已经觉得我可笑了，就像一个清朝的人试图描述21世纪一样可笑。但你要知道，世界是在加速发展的，21世纪以后，二百多年的技术进步相当于以前的两千多年，甚至更长的时间，所以我不是像清朝人，而是像春秋战国的人想象21世纪那样想象你的时代，在这种情况下，想象力与现实相比将显得极度贫乏。但作为一个写科幻小说的人，我想再努力一下，也许能使自己的想象与你所处的神话般的现实沾一点边。

好吧，你也许根本没在看信，信拿在别人手里，那人在远方，是他（她）在看我的信，但你在感觉上同自己在看一样，你能够触摸到信纸的质地，也能嗅到那两个多世纪后残存的已经淡到似有似无的墨香……因为在你的时代，互联网上联结的已经不是电脑，而是人脑了。信息时代发展到极致，必然实现人脑的直接联网。你的孩子不用像你现在这样辛苦地写作业了，传统意义上的教育已经不存在，每个人都可以在联入网络的瞬间轻易拥有知识和经验。但与人脑互联网带来的新世界相比，这可能只是一件微不足道的事，那将是怎样一个世界，我真的无法想象了，还是回到我比较容易把握的话题上来吧。

说到孩子，你是和自己的孩子一起看这封信吗？在那个长生的世界里，还会有孩子吗？我想会有的，那时，人类的生存空间应该已经不是问题，太阳系中有极其丰富的资源，如果地球最终可以养活一千亿人，这些资源则可以维持十万个地球，你们一定早已在地球之外建立新世界了。

你家的周围应该很空旷，远处稀疏的建筑点缀在绿色的大自然中。城市化可能只是一个历史阶段，信息网络的发展最终将使城市变得越来越分散，最终消失，人们将再次与大自然融为一体，但网络上的虚拟城市将更加庞大和密集，如果你愿意，随时都可以置身于时尚的中心。

那时的天空是什么样子？天空是人类所面对的最恒久不变的景致，但我相信那时你们的天空已经有了变化，空中除了日月星辰，还能看到一些别的东西，地球应该多出了一条稀疏的星环，地球上所有的能源和重工业都已经迁移到太空中，那些飘浮的工厂和企业构成了星环。从地面上看，那些组成星环的东西有些能看出形状，像垂在天空上的精致的项链坠,那是太空城,我甚至能想出他们的名字——新北京、新上海和新纽约什么的。

也许你现在已经不在地球上了,你就在一座太空城中,或者在更远的地方。我想象你在一座火星上的城市中,那城市处于一个巨大的透明防护罩里,城外是一望无际的红色沙漠。你看着防护罩外的夜空,看着夜空一颗蓝色的星星,你是从那里来的,二百多年前我们一家也在那里生活过。

你的职业是什么?你所在的时代应该只有少数人还在工作,而他们工作的目的已经与谋生无关。但我也知道,那时仍然存在着许多需要人去做的工作,有些甚至十分艰险。比如火星,其环境不可能在两个多世纪中地球化,在火星的荒漠中开拓和建设肯定是艰巨的任务。同时,在水星灼热的矿区,在金星的硫酸雨中,在危险的小行星带,在木卫二冰冻的海洋上,甚至在太阳系的外围,在海王星轨道之外寒冷寂静的太空中,都有无数人在工作着。你当然有权选择自己的生活,但如果你是他们中的一员,我为你而骄傲。

在你们的时代,我相信有一个一直在想象中存在的最伟大的工作或使命已经成为现实,它的艰巨和危险,它所需要的献身精神,在人类历史上是史无前例的,那就是恒星际的宇宙航行。我相信在你看到这封信的时候,第一艘飞向其他太阳的飞船已经在途中,还有更多的飞船即将启航。对于飞船上的探索者来说,这都是单程航行,虽然他们都有很长的寿命,但航程更加漫长,可能以千年甚至万年来计算。我不想让你生活在一艘永远航行中的飞船上,但我相信这样使命对你会有吸引力的,因为你是我的女儿。

你在那时过得快乐吗？我知道，每个时代都有自己的烦恼，我无法想象你们时代的烦恼是什么，却能够知道你们不会再为什么而烦恼。首先，你不用再为生计奔忙和操劳，在那时贫穷已经是一个古老而陌生的字眼；你们已经掌握了生命的奥秘，不会再被疾病所困扰；你们的世界也不会再有战争和不公正……但我相信烦恼依然存在，甚至存在巨大的危险和危机，我想象不出是什么，就像春秋战国的人想象不出地球温室效应一样。这里，我只想提一下我最担心的事情。

你们遇到 TA 们了吗？

你知道我指的是什么，人类与 TA 们的相遇可能在十万年后都不会发生，也可能就发生在明天，这是人类所面临的最不确定的因素。我写过一部关于人类与 TA 们的科幻小说，那部书一定早已被遗忘，但我相信你还记得，所以你一定能理解，关于未来，这是我最想知道的一件事。你们已经与 TA 们相遇了吗？虽然我早已听不到你的回答，但还是请你告诉我一声吧，只回答是或不是就行。

亲爱的女儿，现在夜已经深了，你在自己的房间里熟睡，这年你十三岁。听着窗外初夏的雨声，我又想起了你出生的那一刻，你一生出来就睁开了眼睛，那双清澈的小眼睛好奇地打量着这个世界，让我的心都融化了，那是 21 世纪第一年的 5 月 31 日，儿童节的前夜。现在，爸爸在时间之河的另一端，在二百多年前的这个雨夜，祝你像孩子一样永远快乐！

爸爸

2013 年 5 月 24 日

我为什么欣赏刘慈欣

文 / 韩松

飞腾科幻的一位朋友问我,刘慈欣写最本原的科幻,而你总是居于科幻的边缘。你们却能互相欣赏,是为什么?希望我写一小文说明。老实说,我并不知道刘慈欣是否真的很欣赏我,我时常惴惴,我的那些"科幻",在他面前,大概真的是小儿科;但我的确发自内心地很欣赏刘慈欣。在我连续两年编的最佳科幻集中,刘慈欣都是入选作品最多的了。为什么会欣赏呢?

我想,首先,作为一个普通的科幻读者来说,我很喜欢看刘慈欣的作品,因为很过瘾。讲的都是些明明白白的故事,说的都是些人话,节奏很紧张,情节很吸引人,有暴力、战争、死亡等等。想象很奇特,漫无边际,汪洋恣肆,像庄子,这一点,很让我佩服得五体投地、自愧不如。

其次,刘慈欣的作品中,渗透了一股对宇宙的敬畏。他写一些技术味道很浓的科幻,但是,后面的东西、骨子里的东西,其实是形而上的。在《朝闻道》中,这种情感表露得最无遗的了。也就是有一种哲学上的意味，宗教上的意味。我感到这很不错。刘慈欣总是在悲天悯人，而且是一种大悲大悯，像佛陀。

再就是我其实是一个对技术、对工业文化很崇拜的人，大概男人都有这样的心理。我自己的科幻小说，在科学上虽然技术漏洞百出，但心中仍然是很喜欢科学的，觉得那是一种很神圣和很精致、很严格和很大气的东西，刘慈欣的小说满足了我的这样一种欲望。因此，有时，觉得他像牛顿，但不知为什么，不是很像爱因斯坦。

另外，就是军事方面。一眼就看得出来，刘慈欣肯定是一个军事迷，对武器有一种天生的热爱。这个方面，我大概也有些贪恋。因此，很喜欢读他的东西，比如《全频带阻塞干扰》和《波斯湾飞马》。这个时候，刘慈欣又有些像库茨涅佐夫，但不太像巴顿或者山本五十六。他有一种执罣的、属于上上个世纪的英雄气。

再就是阅历。刘慈欣是有阅历的人。所谓阅历，不是要走遍千山万水，而是在平淡中体味生活的苦涩。他工作的那个地方，与我工作的那个地方，我想，恐怕同样是有着很多无奈。因此，在读他的小说时，我能真实地感觉得到他的存在，也能感受得到这个世界的存在。但在读那些比较小的孩子们写的科幻时，我就感受不到了。这时候，刘慈欣很像他笔下的乡村教师，或者水娃什么的，是那种朴实直率而又尝尽沧桑的感觉。

最后，是对科幻的认识。我相信，在对科幻在根本信念上，我和刘慈欣是一致的。判断什么是科幻，什么不是，没有那么多理论,没有那么多概念,只有一个感觉。这种认定,一般人会认为很玄妙。但就是那样的。是不是科幻,是不是好的科幻,它是一种心心相印的东西,而它必定能超越形式和细节。

大时空中的小人性

文/周云蓬

阅读刘慈欣先生的科幻小说《三体》,上瘾。这是我读到的最好的中国科幻小说。写童话的人,如果自己都不相信那是真的,就写不好。我感觉,刘慈欣相信自己的理论,相信那不是单纯的幻想,更是科学的预言。小说起点是中国的"文革",终点是太阳系画一样的毁灭,人类最后的亚当、夏娃逃往宇宙深处。微观上,从质子说到宇宙坍塌,时间上更是跨越了两千万年。

阅读中,因为要吃饭睡觉,必须从书里出来,现实显得太憋闷,好像被关进了一个封闭的盒子里。赶快回到小说中,顿觉天地高远,时间浩荡,心胸畅快。

小说中的人物,通过冬眠,进行时间旅行,每到人类关键时刻,苏醒,做点挽救或破坏的事情,然后再睡,一直到时间尽头。

空间上,作者想象了多维空间的可能,最后的毁灭,是一个缺德的外星人,朝太阳系扔了一个二维的小纸条,整个三维的太阳系像高处的水遇到了引力,奔泻向二维,整个人类、太阳、九大行星躺倒成一幅画,应验了北岛的诗句:人们在古老的壁画中,默默地永生,默默地死去。

除了这种坐过山车一样的心理快感,小说也提出了一些严肃的问题。比如,外来生命对我们是否有害?人类善恶的尺度适用于其他文明吗?前一阵儿,科学家霍金也警告人类,不要总是天真地呼唤外星人,别引狼入室。这跟作者的思路不谋而合。另外,小说启示我们,地球该建立一个权威的应对人类危机的组织,不是街道大妈似的联合国。

相比小说时空想象的丰富宏大,人物略显平面化,其中的罗辑博士,放荡不羁且玩世不恭,关键时刻,浪子化身为英雄力挽狂澜,很像大侠令狐冲。

小说描写的理想女子,大多是那种长发飘飘的文静淑女。有些情节也似曾相识,比如地球人和三体人的恩怨纠葛就很像中国和日本的某段历史。不管整个宇宙科技发展到如何神奇的境界,可一撕破脸打起来,还是那个许文强的上海滩。

康德说,人有两种敬畏:一个是头顶无限的星空,另一个是内心无限的思想。小说家对前者的探索已经神游银河系了,而对于后者,可能还没出中国的国境线。

刘慈欣：不会去火星

文 / 方澎晨

2015 年 1 月 9 日，刘慈欣改签了当天山西阳泉开往北京的高铁车票——商务座改成一等座，找回了两百多块钱。

这趟旅程是为第二天的一个对谈交流会，他多年前的作品《超新星纪元》将被改编成漫画，合作者邀请他赴京宣传、撑场。

到北京后，他坚持要把两百多元的火车票差价退给活动主办方微像文化，说路上只有两个小时，没必要坐商务座。得知被安排住五星级酒店，他又连连对微像文化执行董事彭扬说：不需要这么好的酒店，七天、如家那样的就行了。

"科幻现在是事业了"

第二天在酒店大堂接受采访时，刘慈欣绝大多数时间都将目光聚焦在桌上某件东西或前方空气中的某点。这位当下中国最负盛名的科幻作家穿着十分随意：黑色运动鞋，灰色夹克敞开着,露出里面的黑白格子衬衫。

下午的对谈会上,这种"理工宅男"的典型打扮,使他与台下的男听众们完全融合在了一起。

对谈会在北京大学的一个报告厅里举行,这天雾霾严重,开场前一两个小时,门外却已排起了领票的长队。散会后,热情的读者涌到台前,组织者忙着阻拦:"今天不签名,这不是签售会!"

如今,刘慈欣经常出现在各地与科幻有关的活动上,每次都是媒体和读者包围的中心。他的三部曲《三体》在中国的销售量总计已超过一百万册,成为几十年来中国最热销的科幻小说,并将被改编成电影。十几年前的旧作《超新星纪元》和《乡村教师》等四部小说也已售出电影版权。作为原作者,刘慈欣担任了这些剧本的监制。2013年,他以三百七十万元的年度版税收入第一次登上了中国作家富豪榜。

山西省阳泉市文联网站上一则发布于2014年8月的消息显示:"近日,著名科幻作家刘慈欣正式调入阳泉市文学艺术创作研究室,从事专门的文学创作和研究工作。"这条消息还指出:"刘慈欣的工作调动得到了市委、市政府主要领导的高度重视……经各方努力,终于使这一人才留在了阳泉。"

不过,刘慈欣并没有直接承认这一工作变动。他说自己"每天就在家待着,没上班","(跟阳泉市文联)约也没签。具体我工作单位现在在哪儿,我一般不好透露,怕有些读者知道了可能很麻烦——他有时候上单位去找你啊,或者在单位网站上发留言什么的"。

无论如何,"山西娘子关发电厂高级工程师"这一身份已离刘慈欣远去。几年前他经常强调"科幻只是个爱好,我会一直当工程师",而如今,他说"科幻现在是事业了"。

东方红一号

几年前《三体》刚走红时,刘慈欣就开始频繁面对外来的"麻烦"。当时他拒绝了记者们前往娘子关采访的要求,因为"在单位上影响不好"。

一个记者的擅自来访曾让他非常生气。

1985年从华北水利水电学院(现华北水利水电大学)水利系水工专业毕业之后,他被分配到山西阳泉的娘子关发电厂任计算机工程师。

娘子关发电厂距离阳泉市区三十九公里,四面环山。在20世纪80年代,它是全国装机容量最大的火力发电厂,之后几十年也一直是阳泉人眼中的"好单位"。

因为计算机技术,刘慈欣很快成为山西电力系统一个知名人物。很多人都认识他,一说起什么问题解决不了,"找刘工"。

有时他会跟同事打牌、打麻将,一个晚上,他输掉了八百块钱,这相当于他当时一个月的工资。不能再这样下去了,他想,得找点别的事儿干填满晚上的时间。"就算不能挣钱,起码不赔。"他想到了写科幻小说。为什么是科幻小说?这一想法的源头,可以追溯到他七岁那年。在2014年出版的《三体》英文版第一部的后记中,刘慈欣回忆了1970年的一个夜晚：他在河南老家村庄里和很多人一起仰望夜空，看到漆黑的天幕上一颗小星星缓缓飞过，那是中国刚发射的第一颗人造卫星"东方红一号"。他担心卫星会撞上其他星星，后来通过《十万个为什么》才了解，人造卫星距离群星还非常遥远。看那套儿童科普丛书时他发现自己有一种特殊的能力：像光年之类远超人类感官范围的概念，能在他心中"产生栩栩如生的宏大图像，激起一种难以言表的宗教般的震撼和敬畏"。

七岁时那个夜晚留下的记忆，不只是对星空的好奇和向往。他还记得自己当时腹中饥饿，身后破旧茅草房透出煤油灯昏暗的光，旁边的小伙伴很多没有鞋穿。

他还恍惚记得那几年阳泉夜晚的枪声、大卡车，带枪的人胳膊上都有红袖章……还有一场洪水肆虐过后的河南老家，五十八座中小型水坝溃塌，数万人死亡，"看到漫山遍野的灾民，当时有世界末日的感觉"。

"人造卫星、饥饿、群星、煤油灯、银河、'文革'武斗、光年、洪灾……这些相距甚远的东西混杂纠结在一起，成为我早年的人生，也塑造了我今天的科幻小说。"他在2014年的这篇后记里总结道。

地球上的经验

刘慈欣当年刚决定用科幻来填满夜晚时间时，并没有完全按自己心意来写。

他在1990年完成的《超新星纪元》初稿，已经有意识地迎合了市场。当时中国科幻出版陷入低谷期已好几年，科幻小说很难发表。于是他想到加入当时的热门话题，比如中国孩子与日本孩子相比太娇气、不懂事的议论。这篇小说里，超新星的辐射让地球上所有十三岁以上的人都死去，留下一个只有孩子的世界。在他笔下，那并不是一个纯真美好的世界，孩子们残忍野蛮的天性在其中暴露无遗。

不过，这一作品经过了五次修改，直到2003年才出版。小说最后的版本仍然保留了孩子们发动世界大战、用尖端武器互相残杀的内容。刘慈欣认为孩子往往更残忍，并不是人们平常歌颂的那样善良、爱好和平。

这残酷设想里已经潜藏着后来《三体》中"黑暗森林"的影子。

"黑暗森林法则"是《三体》中"宇宙社会学"的核心理论。这一法则将宇宙比喻成一个黑暗的森林，每个文明都是独自潜行其中的猎人，都在猎取有限的资源，因为不能判断他人是善是恶、是否会先袭击自己，所以发现他人存在后必须立刻消灭对方。这一法则的前提是：一个文明无法判断其他文明对自己是善意还是恶意，也不能得知自己在对方眼中态度如何；而且一个落后文明可以在短时间内发生技术爆炸，从而对先进文明构成威胁。这样，在"森林"中即使发现一个非常弱小的文明，也不能掉以轻心。

这种多少有些黑暗、野蛮的场景让很多人看了不舒服。刘慈欣上网习惯逛豆瓣、微博和水木清华BBS，他在这些网站看到了许多针对黑暗森林的批评和争论，对此不以为意。

"（这些法则）都是从一个很明显的事实推论出来的东

西。"他说。他表示，人类现在还不知道有没有外星人，所有科幻小说对外星人的想象能依托的都只是人类自己的经验，包括人类不同文明之间的经验，以及人和地球上其他生物之间的关系。

他想到自己小时候经常拿弹弓打鸟玩，觉得外星人和地球人的关系很可能与人和鸟的关系类似，因为两者之间肯定有技术和智力差别。

不过，刘慈欣另一些作品中的外星人也有温情。

《朝闻道》中，外星人在三亿年前就在地球放置了监测器，发现地球人的行为可能造成宇宙灾难时才化作人形劝止。《乡村教师》中，一个高等文明为了自己的安全必须毁灭一定区域的恒星，下手前他们定了规矩：如果一个星系中有一定发展程度的文明存在，这个星系就可以保留。

刘慈欣说，温情也好残酷也好，他都是根据不同故事的需要来设定："黑暗森林法则只是小说中的情节，不应被看作对宇宙规律的科学理解。"

从饥饿与煤油灯开始的宇宙大事件

"他知道，这最后一课要提前讲了。……

天黑后，村里早早就没了灯光，娃娃和老人们睡得都早，电费贵，现在到了一块八一度了。……去年一家什么农机厂到这儿来，推销一种微型手扶拖拉机，可以在这些巴掌大的地里干活儿。那东西真是不错，可村里人说他们这是闹笑话哩！他们想过那些巴掌地能产出多少东西来吗？就是绣花似的种，能种出一年的口粮就不错了，遇上这样的旱年，可能种子钱都收不回来呢！"

这是刘慈欣 2000 年发表的小说《乡村教师》的开头。在他的作品中，这类带有"饥饿"和"煤油灯"印记的内容经常出现，他还写过煤矿工人得硅肺病之后的痛苦，这来自他幼时在阳泉一家煤矿生活的经历。

他经常用这类场景引出气势恢宏的宇宙大事件，比如这位生活在疾病和贫穷中的乡村教师所做的事情，后来与银河系持续了两万年的星际大战共同影响了地球的命运。

他并不认为这种场景描写属于"批判现实"，只是"你毕竟是现实生活中的人，你写的任何东西都有意无意地反映出你所生活的现实"。他也并不觉得自己"关心底层"，只是刚好对这些人比较熟悉而已。

这样写也是为顾及读者的阅读习惯，他认为中国的科幻读者可能不太习惯看到直接描写未来或超现实的内容，需要用普通人的普通生活来带出那些。

北京师范大学文学院教授吴岩赞赏了这种方式。吴岩多年来致力于科幻文学研究，他曾评价，刘慈欣作品的成功是其在多年创作中试图摸清时代脉搏的成果，"符合一般人的生存逻辑，给予一般人心理关怀"。

远离群星的生活

毕业近三十年来，刘慈欣经常看物理学、天文学和宇宙学方面的书作为消遣，这些书也为他的写作提供了科学基础和灵感。比如《三体》中三颗恒星系统的基本设定，就来自一本讨论这个问题的天体力学专业书籍。除了专业书籍和科幻小说外，他的阅读"不是太多，一般就是比较通俗的那些"，比如《罗马史》之类的历史书。有时也有社会学方面的，他想了好一阵，说出《乌合之众》和《通往奴役之路》两个书名。

他对文学兴趣不大，印象最深的还是多年前看的俄罗斯小说，比如托尔斯泰和屠格涅夫。哲学书一般不看，因为"理解起来太难了"。不过他经由科学路径的思考有时会与哲学殊途同归。最近他给一本哲学通俗读物的中文版写了序，对那本书里提出的问题很有兴趣："我以前没想到过：为什么万物存在而不是一无所有？"

他在小说中也探讨过哲学问题。比如《朝闻道》中的斯蒂芬·霍金问外星人："宇宙的目的是什么？"外星人没答上来。

在这篇小说中，来自世界各地多个学科的顶级科学家为了得到各自学科里难题的答案，甘愿以生命的代价交换。

不过，这种极端的理想主义，在刘慈欣的生活和个人选择中几乎全无踪迹。

他不会像书中科学家们那样做。"我只是个普通人而已，普通人怎么做我就怎么做，不可能为了什么形而上的东西把自己的整个生活都搭进去。从来没有（那样的内心冲动），我不是那样的人。"

过去几十年，现实中的刘慈欣每天在被煤灰覆盖的山区发电厂里，尽职尽责地作为"刘工"维护着各种机械系统的运转，与同事关系融洽，常和大家聊一些"所有人都感兴趣的话题"。下班后，他去学校接女儿，回家做饭，和妻女共度家庭时光。在那个污染严重的地区,并不能经常看到星空。

对科幻小说常描写的地球毁灭,以及眼前环境恶化、海平面上升等问题,他都完全"不操心",理由是"我有生之年不会出现那种事"。

日常生活中,理想主义被他深埋在心底,只是偶尔有一闪念。他说,科幻小说中描写的那种为科学不顾一切的人,在现实世界中他一个都想不出来。停顿一下,他又想到,前段时间去火星单程航行在招志愿者,美国就有八千多人报名。

"我不会去。"他说。沉吟一下,又补充道:"我要是去,可能也出于一种很现实的想法,现在去了可能回不来,但是如果能在那儿生活足够长的时间,随着技术的发展,有可能后来就来个飞船把你接回去,这个是有可能的。"

飘忽不定的世界观

《三体》中,几艘飞船离开地球后建立新的社会,需要选择民主还是专制,随后的情节发展表明,太空环境里人文社会十分脆弱,"从民主到集权只需要五分钟"。

由这类故事,有人认为他有国家主义、集体主义情结。

听到这两个词,刘慈欣一惊,视线也从前方空气中的某一点回到谈话现场:"什么?他们说我什么?"

随后他辩解道:"其他文学体裁把人类分为种族、国家等,科幻小说是唯一一个把人类作为一个整体来描写的文学体裁,面对的问题都是全人类共同面对的,在这些方面可能你说的国家主义、集体主义比较明显。因为它面对的是一个集体性的东西,不像主流文学面对的是个人的人生、爱情这方面的问题。主流文学没有机会去描写全人类面对的东西,在描写一个国家、一个种族需要面对的东西时,主流文学也不可避免地要出现国家主义、集体主义,比如描写一场战争。"

他列举说,自己作品中也有非常偏向个人主义的内容。比如《朝闻道》中的科学家们,寻求问题答案就只为满足个人求知欲,不顾自己的死亡会给国家和人类带来多大损失。

"故事本身所表现出来的价值观、意识形态,很大程度是为故事本身服务的,并不完全代表作者本人的真正思想。"他说,为写成好的故事,有时需要一些很极端的东西,而自己在现实中不是一个极端的人,在政治和价值观上比较温和。

至于他的世界观,他曾说,一直尽力使它"飘忽不定"。

未来变幻不定,不如抓紧眼前

如今,刘慈欣的绝大部分时间还是在阳泉度过。妻子在外地一家发电厂工作。女儿在读初三,正是很需要照顾的时候。

他比较女儿与自己当年生活的差异:"她学习负担太重了。"

他有时会回忆自己的童年和青少年时代,那时社会氛围与现在差别很大:"充满了大事件。那会儿世界上长期进行着一些地区的战争……特别是两大力量的对抗,时不时就出一些很大的事,每一件都决定人类的走向和命运。但现在好像没有了,现在时代比较平稳。时代的差别,给人的感觉都不一样了。"

不管社会氛围如何变化,刘慈欣始终追求着确定性。构思小说时,他先做一个设定,再用逻辑一步步推理出结果。在现实中,他始终注意抓紧眼前的东西。

直到去年,他还说自己会一直是个工程师,不会专职写小说。当时有媒体问他是否想离开阳泉到北京。他回答:"我也想来北京,但北京的房子买不起啊。而且总要有工作才能来吧,我们体制内的工作,调动不容易。"

体制内的工作确实给了他稳定的保障。2009年,娘子关发电厂彻底关停。有人担心刘慈欣会不会因此过得潦倒。他的回答是:"我工作的单位是央企,怎么可能潦倒呢?"

他对当殉道者和苦行僧毫无兴趣,也讨厌被塑造成这样的形象。他说娘子关发电厂在离阳泉市区更远的地方建了更大的新厂,而自己在当地肯定算过得不错的:"我在城里有两套房,都是大面积的,怎么会简陋呢?"

如今,他仍然不会也无意自我包装。在对《三体》带领中国科幻进入国际市场的一片赞美声中,他说这本书在美国亚马逊的好名次十分短暂,现在"我都不知道跌到哪儿了,都不敢去看了"。

最近经常有人问他:现在的中国导演有没有能力拍好《三体》电影?

"说句不好听的话,把《三体》放那儿放几年等条件合适的时候再拍,那要放几年呢?放个五年十年,可能到时候地球还有没有都不知道。"他说,这套小说给国际大导演看过,对方没有兴趣。

《三体》的电影改编权是在2009年卖掉的,当时他觉得对科幻感兴趣的人不多,基本是"有人要就卖了",价钱"很低"。他从不期待变幻不定的未来。

如今对自己几部作品的改编,他介入不多,并且十分宽容:"主要还是看导演和制片人的意见。因为创作立体影像是跟写小说不同的形式,有不同的制约,比如需要考虑审查、市场回报等,这些我都理解。"

《三体》完成后,他没再写任何小说。他觉得科技发展已是奇迹,写出一个让人震撼的故事越来越困难了。

他习惯性地推理:从手机到谷歌眼镜,使用者越来越难避开外界信息,再进一步可能是在人的视网膜上安个投影仪。以后,技术产品植入身体可能不是为了治病,只是为了提高身体的机能,很多人性都会因此变得面目全非。

"比如将来人可能会永生,寿命可能会很长。随着人工智能的进步,人可能会对人之外的某种东西产生爱情。还有性别,像美国科幻作家厄休拉·勒古恩《黑暗的左手》里描写的,一个人的性别可以来回切换,这个未来是有可能出现的。"他说,这可能会把人们认为最根本的人性都改变了,这也是科幻反映的主题之一。

摸到光年的长度

文 / 朱柳笛

我特别不文如其人。

刘慈欣说。

被誉为"以一己之力将中国科幻文学提高到世界级水平"的他，在2015年得到前所未有的关注。

他的《三体》被筹划改编为电影，引起争议。有科幻迷认为，电影无法还原《三体》本身，但刘慈欣有自己的想法："拍总比不拍强。"他觉得搭着电影《星际穿越》的热潮，拍中国的科幻电影，并不是一件坏事。

这个在小说里喜欢想象未来的人，在现实中更愿意把握现在。"未必等上三五年，环境就好了。"刘慈欣说。

刘慈欣已经有五部科幻小说出让了影视改编权，其中《乡村教师》被导演宁浩选中。

有人称他是2015科幻电影元年里最重要的人，但刘慈欣谈起自己，重复最多的一句话是："我就是个普通人。"

"你要从小说里推断我这个人肯定是误会了。我小说里的人,有领导气质、献身精神,但我自己在生活中是很普通的人。我不左不右,是个温和派,我的行为准则与别人没有什么两样。"他说。

暗黑与柔情

圆头平脸,黑框眼镜,敞开穿的格子衬衣里,露出了白色跨栏背心。

搭建了暗黑宇宙的刘慈欣,看起来很萌,甚至有些土,他乐意居住在三线小城市,躲避喧嚣与躁动。

刘慈欣在脑海中搭建了各类时空,他的故事在时空中穿梭,从白垩纪到未来千万年的星际,在他笔下,能让人类凭借技术的力量进入地心深处,也可以让整个太阳系毁灭于一次犹如水墨山水画般的降维攻击。

尤其是《三体》中,刘慈欣坚持了一种暗黑哲学:宇宙就是一片黑暗森林,每个文明都是带枪的猎手,发现了其他生物,猎人们能做的只有一件事:开枪——他人即地狱。

为什么构建这样一个宇宙?

"因为创作故事的需要。"刘慈欣说。

身为无神论者的他,对宇宙保持着一种类似宗教感情的敬畏。

这与20世纪80年代的中国科幻小说的笔触不同:作家们对外星文明都抱着美好的想象,也多有正面描写。

"但科幻是可能性的文学,将各种可能性排列出来,我设想的恰好是宇宙最糟的可能性。"他说。

创造了最糟宇宙的人,在现实里其实常常落入俗世的感动。

他最近看了一条新闻,说一对夫妻带孩子住在重庆某大医院旁的一家小旅馆,价格便宜,又黑又破。孩子得了绝症,治不好了,但依然住着,老板劝他们回家,夫妻说:"想在孩子去世后捐赠眼角膜,我们就在这等着。"

这句话一下击中他内心柔软的部分——他有个正在读中学的女儿。

他把这"柔软"也呈现给了粉丝。

刘慈欣被粉丝们亲切地称呼为"大刘",也有人在论坛开起他外貌的玩笑:"范伟的科幻小说写得不错。"诸多人盼望能与他合影、互动。

大刘曾送给粉丝小姬一篇名为《烧火工》的童话作为生日礼物,将对方钟爱的各种意象,比如鲸鱼、星空嵌入其中,这种工程师式的柔情,精准又浪漫。

这件事在科幻圈广泛流传,被看作是大刘对粉丝的难得举动。

这种柔情还出现在他写给女儿的一封名为《两百年后的世界》的信里。

他为当时十三岁的女儿构筑了一个两百年后的世界,与《三体》里的暗黑宇宙迥然不同:城市飘浮在太空中,像垂在天空上的精致的项链坠,十分美好。

超能力感知

《三体》粉丝众多，三体世界也被粉丝移植到现实中。北师大教授、科幻作家吴岩注意到，《三体》更大的意义在于粉丝在现实世界里集结，并在微博上将《三体》的世界重现，创造了各种角色。

比如微博名为"三体－叶文洁""三体－云天明"(《三体》中的人物) 的 ID，他们在微博有语言的 cosplay，模仿小说中角色的语气对话、交流，形成一种"三体亚文化"。

有记者问刘慈欣，创作的哪个角色有你本人的影子？

"都没有。"他毫不犹豫地否决，"哪个都不是我。"

吴岩能理解，"他的角色都是讲故事的工具，真正的情感代入很少"。

这种实用主义在刘慈欣第一次创作科幻小说时就已闪现。身为工程师的他善于总结规律，以一位钓鱼者的热情和耐性追猎它们，并搜集起来，去修正自身的写作。

1999 年，刘慈欣向《科幻世界》杂志投稿，寄出《鲸歌》《带上她的眼睛》等五篇短篇小说。

这些短篇，是他严格按照当时科幻小说作品的规律写成。为了顺利发表，又做了一些迎合当时杂志风格的调整。

比如《带上她的眼睛》，以他当时的眼光来看，叙事也太过煽情。"但当时的杂志喜欢这样的风格。"他说。

他还回忆，这五篇甚至考虑到新老两拨不同编辑的需求创作，以免因为编辑的主观喜好影响了客观效果。

"他会不断去分析读者需要什么样的作品,什么是好作品。"吴岩说。

在《科幻世界》副主编姚海军眼中,刘慈欣最吸引人的是他的想象力,他用旺盛的精力建成了一个光年尺度上的展览馆,他的世界灿烂如银河之心。

关于想象力,刘慈欣另一个最常被问到的问题是:"你会做梦吗?是稀奇古怪的梦吗?"

他会呵呵两声,短促地笑出声来:"大家以为我的梦会特别,其实我最羡慕别人进入宇宙、见外星人的梦,可惜我做的梦总记不清。"

如果实在要拎出一点不同来,刘慈欣觉得自己拥有一种特殊的能力:那些远超出人类感官范围的极大和极小的尺度和存在,在别人看来就是大数字而已,在他的大脑中却是形象化的。

"我能够触摸和感受到它们,就像触摸树木和岩石一样。"他说。

比如"光年"。

一光年是什么概念?

"大家容易对它冷淡麻木,但我能感触到它有多长,是很让人惊恐、敬畏的东西。"刘慈欣说,"你就想光一秒钟可以绕地球七圈半,如果它在直线中走一年,你能体会到那种广阔、遥远吗?"

还是不理解。

他会再跟人描述分子是多么小:"你想想,如果要拿杯子舀干地球上所有的水,会需要多少次?"

"一杯水里分子的数量,比这些次数还要多。这是多小的东西啊。"刘慈欣感叹。

"刘工"的灵感丢失恐惧症

刘慈欣笔下的主人公们总是自带拯救人类和献身精神的天然属性。而他则自称是个温和无害的工程师,长期抱着一种现实主义的态度来生活。

他回忆起写科幻小说的开端,用了一个充满烟火气的日常故事。

1989年,他二十多岁,刚大学毕业,到了山西娘子关火力发电厂当计算机程序员。

娘子关是一个四面环山的小镇,运煤大货车前往河北、北京的必经之地,火力发电厂周围扬起的灰黑色粉尘,覆盖在屋檐和马路上,天色阴沉。

刘慈欣住着单身宿舍,也没有女朋友,晚上只有两件事——打扑克、打麻将。

"就是那个年代、那个地方人们的爱好,我也不例外。"他说。

有天夜里,他输掉了一个月的工资,八百块。

"我想我不能再这样了,必须干点事填满晚上的时间,就算不能挣钱,起码不赔,就想到写科幻小说。"

白天,他是发电厂的高级工程师"刘工",燃料系统的权威人物,"那时候大家都认识我,一说起什么问题解决不了,找刘工。"刘慈欣回忆。

如今的发电厂和家属楼里还流传着刘慈欣的故事,那时他已经成名,同事的儿子跟父亲说,发现有个科幻作家的名字和厂里刘工的名字一模一样,真巧。

他留在最熟悉的地方,度过了毕业之后的青春时光,生活了二十多年,写出了自己迄今为止所有的科幻小说。

正如他的处世哲学,总露着一种让人并不反感的、俗世的精明。他尽量避免与人冲突,温和是他的常态,但这种状态一旦触碰到创作的灵感,情绪就难以捉摸了。

"每捕捉到一个灵感,开始总是很兴奋,随后又陷入焦虑,担心很快被别人写出来,只想着自己要快点写。"刘慈欣描述。

灵感被"夺走"的故事,不止发生一次,让他极其痛苦。

刘慈欣原本准备写的第二部长篇小说是关于能源的。他在发电厂工作,对周围系统的人比较熟悉,希望能写得文学化、接地气。

他构建了一个全新的创意,创意的轴心是:地球上能源枯竭,出现危机,有人想出在月球表面贴满太阳能电池,将能源传输回地球。

但轴心被抽走了。

在脑海中设想了一年、又准备了一年的资料后,一次偶然,他看到日本早稻田大学的一位学者也提出了类似的设想:在月球的赤道上铺满太阳能电池。

创意轰然倒塌。

"创作毫不犹豫地中断了。"他语气里有明显的沮丧。

有人劝他:"只是个科学家,他的事业和你的故事不冲突。"

"一个作家写科幻小说必须要有内心的冲动、兴奋感。别人一旦抢先创意,就失去了内心最深处的动力。"他强调。

在刘慈欣看来,这一点是理解他这样的科幻作家的关键,而恰恰没多少人能理解。从《三体》完成至今已过去四年多,他再没有一个字发表,原因也是如此。

"不瞒你说,现在还没走出来。"刘慈欣说。

在吴岩和姚海军看来,这样执着到偏执的态度,恰恰是刘慈欣能"以一己之力将中国的科幻提升至世界水平"的关键。

拒绝四分钟的太空旅游

刘慈欣用"无所事事"来形容自己现在的状态。

按他的描述,此前在娘子关火力发电厂时,他几乎不见陌生人,平时接触的百分之九十的人都是同事、邻居。除了业务的需要,每年就那么几天时间出差,他才会离开小镇。

"并非有意不接触,而是住得比较远,另外也没有精力,光应付周围的事情,已经浪费了我很多精力。"他解释道。

他没有微信,不用微博,觉得很占时间,因为一旦开始使用,要加的人相当多,实在难以处理。

"大家总试图在我身上找出一些与众不同的东西,但我让大家失望了。"他笑称,"我就愿意远远躲在幕后,少和读者见面;作为我本人,希望少打扰我就行。"

如今发电厂关停,他在城里住下,照顾正在读初中的女儿，写作以及接受各种电话采访。

和李彦宏一样，他成为这座此前以煤闻名的城市的一张新的宣传名片。

《三体》火了之后，有互联网大佬极其赞赏他的小说，有人邀请大佬和他，希望他们来对话，被他拒绝。

"怕人家失望，真去了，我要说你想的那些东西，我根本没想过，对方可怎么办？"他自己乐了。

不见人的宝贵时间被他随机分配为三块，阅读、看电影、写作。

接受采访的时候，他手边正放着一本契诃夫的《萨哈林旅行记》。俄罗斯文学凝重感和缓慢的叙事节奏，对他这一代人影响极大。

为什么不去大城市？

"并不是我要隐居，保持思想的独立，其实为了孩子上学，我也想去大城市。但爱人的工作怎么办？老人不照顾了？这都是现实问题。"

他在现实世界里，对安稳有一种需求。而大家都有的恐惧，他也有。

比如恐惧经济危机，害怕银行里存的钱会缩水，为此他想尽办法买保值的东西。

他还恐惧失去健康的身体，严格规定每天必须锻炼。

设定的目标是一天跑步十公里，坚持了好几年，天暖就去体育场，稍微凉点，就去家附近的公路跑。

当然，也是为有机会能实现太空梦。

"现在太空旅游的价格太贵了，去一趟要两千万美元。"

但他坚信依靠锻炼保持身体健康，总能等到费用降到他能承受的那一天。

这梦想从他还是个科幻迷时就已经怀揣的。

现在看来，机会越来越现实了。

就在前一阵儿，有家机构和他联系，问他是否愿意参加太空旅行，需要接受长时间的培训，但时长仅有四分钟，又被他拒绝了。

"我希望是真正的太空旅游，去国际空间站，如果能在那儿待上一个星期，我毫不犹豫，肯定会去。"

去了要干吗？

"去旅游、体验。谁知道到时候会干什么。但肯定有可干的。"他兴致勃勃。

这与他在少年时的愿望不谋而合，在三十多年前，他把去太空的想法写在给中国早期科幻作家郑文光的信中，希望能"在太空中飞行，在时间中看过去和未来，仰望星空，聆听宇宙中最深邃的思想"。

如果·刘慈欣

文 / 小姬

> 你把宇宙的终极奥秘告诉我,然后毁灭我。
>
> ——《朝闻道》

就在这个平静的山谷,这个已经存在三十多年的企业,一切喧嚣都归于平静。这里被炸掉的建筑很平静,这里碎掉的灯光很平静,这里即将离开的人们很平静。他们不会在下班时遥望星空,也不读科幻。

但是有一个人,在月朗星稀的夜晚,创造出了一个又一个遥远的宇宙。

他说:"我想知道,有没有一个我们这个世界之外的地方,我想去那个地方。"

一样的话

上高中的时候,政治老师正在讲解社会主义社会的优越性，我躲在粗糙的暗红色课桌位兜里，沿着长长的煤渣铺成的隧道，掉进了刘慈欣铸造的"地火"世界，完全忘记了外面世界的存在，周身只有熊熊燃烧的火焰和矿工气管里发出的尖啸的呼吸声。

那时的我做梦也想不到有一天可以跟他促膝长谈。

2007年春节，我以采访为借口，通过韩松要到了他的电话，踌躇很久，手心也捏出了汗，终于有勇气打了过去。

对面是一个很普通很普通的声音，普通到我怀疑自己是不是听错了。就是这个似乎在哪里听过的声音，通过遥远的蔓延的电话线，对我这个陌生人讲了许许多多的话。在漫长的星夜，那些话，那些在他手中升腾起的那些宇宙，像一个个气泡一样，始终飘浮在这个世界之中。

他对我说，不如去参加夏天的成都科幻大会。

于是我去了。在人海中，我望见一个人站在了舞台上，我看到上千只挥舞的手臂，听到他们热情的声音撞击着我的胸腔，那个人，仿佛是被那些热浪般的呼声推上台上。而他只是害羞地笑笑。我端着相机坐在台阶上，忘记了拍照。

盛夏光年，倏忽。当他回到山西的山谷里，成都令人兴奋的热情和喧闹仿佛是昨日的一个梦。

"我知道，一切都没有改变。"他在日志中写道。

"但一个科幻迷女孩说的一句话刻在我心中：希望你们能拉着我们的手在太空中飞行，在时间中看未来和过去，带着我们仰望星空，带我们聆听宇宙中最深邃的思想。这也是三十年前我想对科幻作家们说的话，几乎一字不差，但我没有机会说，现在他们有的不在了，有的干了别的。"

那个女孩，就是我。

大刘说过，好的科幻，就是能让你在下班的途中，仰望星空。而当我十几岁的时候，能让我从成堆的课本和习题中抬起头来，对那片遥远的未知的宇宙投去好奇目光的人，正是他。

他本人，却是生活在两个不相交的平行宇宙里面。连接这两个宇宙的唯一节点，就是他自己。一个是《流浪地球》，是《诗云》的世界；一个是塞满煤矿的黄土地，是捆绑一切的麻木眼神。

当他从繁荣的忙碌的计算机工作和复杂的大单位人际关系中抬起头来，从阳泉这个煤炭之城的一个普通窗户向外望去，他看到的，绝不仅仅是那一小片天空——他看到的，是我们从未到过的世界。

刘慈欣说，年幼的他躲在书架的角落里偷看父亲的书的时候，那些中国的老书和俄国的故事把他紧紧地按在了现实的地上。我想象一个渴望离开的孩子，不论看了多少超越年龄的书，终究感到眼前这个世界的促狭。

于是，他曾经无数次幻想过一种文学，"能够对我展现宇宙的广阔和深邃，能够让我感受到无数个世界中的无数可能性带来的震颤，在当时现实主义的黄土地上，那种文学与我所知道的文学是如此的不同，以至于我根本不相信她的存在。"

但是，他遇到了《2001：太空漫游》。

而我们，遇到了他。

改变一生

大刘说:"1980年的一个冬夜,一位生活在斯里兰卡的英国人改变了我的一生,他就是西方科幻三巨头之一的阿瑟·克拉克,我看到的书是《2001:太空漫游》。"

"当我翻开那本书时,却发现那梦想中的东西已被人创造出来。"他说。

他曾不止一次对各个媒体重复:"我的所有作品都是对阿瑟·克拉克的拙劣模仿。"

大刘在这本书里看到一种被他称作"宏细节"的东西。他认为,在《2001:太空漫游》不长的篇幅内,描述了人类从诞生到与宇宙融为一体完成超级进化的全过程。"从百万年前原始人类自我意识的觉醒,到人类文明对近地空间和月球的探索,直到在土星探险的终点跨超时空之门进入宇宙深处,使文明完成从个体到整体的升华。"

就是这样的一本书,让他的一生改变。

又是他的哪一篇文章让你改变了一生?是《地火》还是《乡村教师》?是《鲸歌》还是《诗云》?是《中国太阳》还是《带上她的眼睛》?是《光荣与梦想》还是《天使时代》?是《三体》还是《球状闪电》?

于我,已经说不清了。那些读书时的震颤和记忆充分混杂在一起,深入骨髓,嵌入基因,已经成为我身体的一部分。

丁仪教授曾对妻子和女儿说:"我心里位置大部分都被物

理学占据了,只是努力挤出了一个小角落给你们。对此,我心里很痛苦,但也实在是没办法。"

恰是这句来自《朝闻道》的话,定格了我对科学家的概念,对追寻真理的概念。在荒漠上建起的真理祭坛,在人们心目中建立起的科学殿堂,宇宙用黑洞般强有力的未知吸引这些微小的思考者奋不顾身扑向自我毁灭的漩涡。

"当宇宙的和谐之美一览无遗地展现在你面前时,生命只是一个很小的代价。"大刘在文中说。

许多人在评价大刘时都使用了"技术主义者"这个词。

在大刘眼里,技术是至高无上的、美好的,是能够解决一切问题的。克拉克用技术为我们展开了百亿光年尺度上的壮丽史诗,而他恰恰承袭了克拉克给我们的这样的感受。

姚海军曾说过:"刘慈欣用旺盛的精力建成了一个光年尺度上的展览馆,里面藏满了宇宙文明史中科学与技术创造出来的超越常人想象的神迹。

"进入刘慈欣的世界,你立刻会感受到如粒子风暴般扑面而来的澎湃的激情——对科学、对技术的激情。正是这种激情,使他的世界灿烂如银河之心。"

在姚夫子眼中,大刘所阅读的美国科幻小说"黄金时代"和苏联的科幻小说,赋予了他属于20世纪的、属于大工业时代的对技术的崇拜。

与许多科幻作家不同,大刘常常执着地要给予他笔下的世界一个合理的解释,无论这个世界多么像一个神迹。

韩松曾经写过:"我自己的科幻小说,在科学上虽然技术漏洞百出,但心中仍然是很喜欢科学的,觉得那是一种很神圣和很精致、很严格和很大气的东西,刘慈欣的小说满足了我的这样一种欲望。因此,有时觉得他像牛顿,但不知为什么,不是很像爱因斯坦。"

我觉得这句"像牛顿不像爱因斯坦"是神来之笔,道出了大刘不可捉摸的气质。

而他,也像牛顿一样改变着我们心中的世界,那个世界之外的世界。

英雄主义

韩松说:"他有一种执拗的、属于上上个世纪的英雄气质。"

我一直深以为是。那种属于艾萨克·牛顿的气质,那种跨上战马、挥舞长矛的气质,那种跨越千年的气质。

在谈到大刘作品时,姚海军和吴岩都不约而同使用了一个词——新古典主义。

夫子认为,在叙事特征上,刘慈欣承袭了古典主义科幻小说中节奏紧张、情节生动的特征;在人物方面,继承了古典科幻小说中的人物塑造规律,即无论是技术专家还是普通人,他们一定要在社会的变革中被推向改变世界的精英舞台;在思想性方面,将工业化过程和科学技术,塑造成某种强大的力量,人类应当为科学技术而献身,则更是刘慈欣科幻小说的清晰主线;在情感线索方面,刘慈欣与其他新生代作家的主要区别是,他从未将男女关系置于情感的中心位置(虽然他的男女情感写得细腻而成熟)。在他的作品中,科学的诗意永远是一种基本情调。

与此同时,大刘又对古典给予了两种变化,被吴岩称作"密集叙事"和"时间跳跃"。

所谓"密集叙事",指的是无限加快叙事的步伐,使读者的思维无法赶超作者的思维。而典型的刘慈欣式的"时间跳跃",就是在叙事过程中留下大量的时间空缺。小说在强烈的情感叙事中突然中断,故事直接进入遥远的未来。

吴岩道:"在《地球大炮》《诗云》和《微纪元》中,这种'跳跃'少则几十年,多则千万载!强烈的时间迁移不但给作者一个脱离文本时间顺序,并能将未来发展呈现到读者面前的机会,更会产生一种独特的'沉舟侧畔千帆过'的历史感。"

吴岩认为,大刘回归到了西方科幻的本质属性上面。

"他把科幻最迷人的侧面:科学的美感、科学过程的那种惊心动魄、科学带去的美好或惊惧的未来通过逼真的、视觉化的细节展现出来。这就是古典主义科幻的魅力。"吴岩说。

我曾想象大刘在生活中到底是一个什么样的人。

没想到他给了我一个非常肯定的答案:"我是一个非常普通的人。在厂里是一个普通的员工,做着一切普通员工做的事。"

他常常穿着一件普通的衬衫,与人交谈时有着普通的姿态,一眼看去,是一个典型的电力工程师。

在 2007 年科幻大会之后,我们一同去爬峨眉山。山上我被雾气缭绕的峨眉弄得脚踩云端,大刘却一直滔滔不绝,电影到小说,仿佛要把自己倒出来。

姚海军说:"大刘是一个很能聊的人。一般的时候他话不多,熟了之后会很愿意说话。这一点跟何夕很像。"

如此旺盛的思想力,被囚禁在一座座遥远的大山之间,也许,他需要的不仅仅是一个可以交谈的对象。

大刘曾对我叹息:"我写科幻十年多,对科幻圈却不是太熟悉。"

在大刘的厂里,写科幻是不被允许的,这被当作一种"可以赚钱的副业"。而他的朋友、妻子和女儿都是不看科幻的。

曾经有一次,有个同事对他说:"我在网上看到有一个写科幻的人名气很大,他的名字竟然跟你一模一样!"

我实在难以想象这两个世界之间的差距。这一鸿沟仿佛比他笔下跨越千万光年的流浪还要寂寞。

流浪地球

而现在,他还要去更远的地方。

前些日子的一通电话。他在我从未去过却已经消失的厂里坐着,一切寂静。铃声大作时,我仿佛都听到了回音。他说现在外面一片漆黑。原来灯火辉煌的场景已经消失了,只剩下破碎的窗户外面,墨汁般的浓厚的黑夜。原来的一切好像一个梦。

他说现在人们都走了,他是留守的人员之一。不久,他也要走了,去遥远的他乡寻找新的生计。

时至十时,整座厂还剩下他的房间灯光是亮的。有很多蚊子越过破碎的玻璃飞进他的房间。再过不久,这个号码就是空号了,他说。

我仿佛看到全人类都撤离的星球,那些逃命的飞船渐渐远去,只剩下一个孤独的背影,守着一盏孤独的灯光。而这已然死寂的电厂中唯一一盏灯光,竟不知何时会熄灭。

我不禁感到绝望。偌大的国家,竟然让自己最优秀的科幻作家没有栖身之处。

在《流浪地球》中,人类不得不驾驶着自己的星球,以缓慢且绝望的速度离开太阳系,到宇宙中寻找新的家园。

大刘说,杨平在2000年的笔会上曾对他说,从他的小说中感觉到强烈的"回乡情结"。

"当时我不以为然,我这个人最不喜欢的就是束缚,没有什么羁绊住我。回乡情结是最不可能在我的小说中出现的东西。"他说。

可是现在,大刘对杨平钦佩至极。

"光阴飞逝,现在十年过去了,很多事情都发生了变化,我很快就要离开这个生活了二十多年的地方,我在这里度过了毕业之后的青春时光,写出了自己迄今为止的所有科幻小说,但要走了竟没什么留恋,在精神上这里不是家园,我不知道哪里是家园。现在看着窗外的群山,不由又想起了杨兄那句话。其实,自己的科幻之路也就是一条寻找家园的路,回乡情结之所以隐藏在连自己都看不到的深处,是因为我不知道家园在哪里,所以要到很远的地方去找。在《流浪地球》中所能看到的,就是这样一个行者带着孤独和惶恐启程的情景。"他在博客中写道。

在写那篇博文之前,他曾感慨万千地对我说,到现在,他看到和听到了太多对自己小说的评论,有的下笔千言不知所云,但没有想到的是,有的只一句话让他看到了自己都没看到的真相。

令我没有想到的是,竟然是这一句。

第二天,我在北京的人艺剧院看濮存昕演的《李白》。李白被罢黜,当取蜀道赴夜郎。当那个落寞的诗人转身奔赴他乡,我忽然觉得时空交叠,把这个背影和刘慈欣重叠在了一起。

以至于我无法动笔。

落寞之时,恰是李白创作的最高峰,单是那一曲《蜀道难》就成为千古绝唱,而当他欣闻赦免,那一首朝发夕至时空跳跃的"朝辞白帝彩云间"又是何等壮哉!

大刘,你说你一直想要去世界之外的世界,去一个没有人去过的地方,我愿你,抵达最遥远的彼端。

镜面世界

在杭州的一家很清爽的青年旅馆,大刘站在门廊独自抽烟。雨水打湿了绿色的空气,他却被烟气缭绕。周围喧闹的人群似乎都与他无关。他真的站在这里吗?杭州的西湖像镜子,被雨水扰乱,让幻影和真实一同卷入时间的漩涡。

这个人身上充满了矛盾,以至于我希望姚海军帮助我描述他的性格的时候,这位常常一针见血的夫子都不知道说什么才好。"千头万绪,太复杂。"夫子说。

大刘喜欢在光年尺度构建他的故事,但其中所牵涉的人物往往渺小，或者是干涸土地上的水娃，或者是在垃圾堆上找吃的的辛妮。这些人物都在他的故事里接受命运的拨弄，却像一颗遥远的超新星一样，绽放出自己的力量。微弱，却有力。

看美国和苏联作品长大的刘慈欣，总是被许为"很中国"的科幻作家，不管是乡村教师还是叶文洁，人们看到的都是活生生的中国人。对于这一点，大刘借用了潘大角的一句话，这句话洋溢着布拉德博里的诗意："火星上没有琉璃瓦。"

大刘说，我们看到一个科幻小说创作的奇特事实：具有中国特色并不难，相反地，写出一篇抛弃了作者的本土色彩，以超然视角俯瞰人类文明的作品倒是不容易，《2001：太空漫游》和《基地》都是这样的经典。

他说，在国内科幻小说中还有这样一个有趣的现象：远未来场景中消解了国籍和民族的人物看起来很现实很中国，而在以百分之百的中国古代史为背景的作品中，人物却显得很超脱很空灵，充满未来的大同感。

从1998年开始，大刘写了那么多字，大多数字都像打字机一样敲进了我们这一代人的骨骼里。

可是他说他并不喜欢文学。

他认为文学是自恋的，是内向的，是忽略这个宇宙的。而他要关注这个宇宙，让时间和空间成为他故事的主角，让人性在极端环境下或升华或毁灭。

大刘是热爱技术的，这一点谁都不会怀疑，但是韩松在其中看到宗教的意味。

韩松认为:"刘慈欣的作品中,渗透了一股对宇宙的敬畏。他写一些技术味道很浓的科幻,但是,后面的东西,骨子里的东西,其实是形而上的。"

"在《朝闻道》中,这种情感表露得最无遗的了。也就是有一种哲学上的意味、宗教上的意味。"

"刘慈欣总是在悲天悯人,而且是一种大悲大悯,像佛陀。"他说。

大刘正是用技术创造极端环境,在思想实验中悲天悯人,当命运的齿轮开始咬合,他总是像克拉克笔下的星孩一样,站在宇宙深处,注视。

在大刘的想象世界里,他笔端轻摇而纵横十亿年时间和百亿光年的空间,让世界和历史变成了宇宙中一粒微不足道的灰尘。"漫无边际,汪洋恣肆,像庄子。"韩松评价道。

而大刘最善于用贴近生活的比喻阐释他脑中汪洋恣肆的想象。那无穷无尽的量子诗云,那些升腾而起的巨大冰块,那滴穿透成百上千人类舰船的"水滴",那颗无限延展的质子。

在大刘眼中,这些恢宏的场景不过是冰箱里的瓶瓶罐罐、厨房里的柴米油盐。用一双明亮的洞悉的眼睛看这个世界,不过是他的习惯而已。

大刘说,曾经有一个物理学家跟他讨论对物质的研究,问他为什么现在物理对于小尺度的研究一直停滞不前。大刘取下烟斗,说,只有一种可能——质子是活的。没想到这位理论研究者眼中放出光芒:"对啊!只能是有生命的。"

"虽然这个想法听上去很荒谬,但是你很难证伪。"大刘狡黠一笑。

前些日子,我说我要去上海看日食,他说他记得1987年那次日食。"你要站在空阔的山冈上,不要看太阳,你要去看太阳投下的影子。远远地,那片黑影慢慢移动,何其壮观!"他说。

我不禁要想,大刘的内心世界始终若此。大气,空阔。你可以深呼吸。

我知道那片山谷就要成为历史。这对于你来说,是否也只是一瞬。它曾经转载你所有的梦想,但现在,你就要启程,搭乘你的星球去往新的疆域。

你说过:"我想我是不会松手的。我自己就是科幻迷中的一员,我们只能手拉手走在我们的世界中。"

那你就不要放手。

刘慈欣作品年表

【长篇小说】

◎《魔鬼积木》／福建少年儿童出版社 2002 年 9 月

◎《超新星纪元》／作家出版社 2003 年 1 月

◎《当恐龙遇上蚂蚁》／北京少年儿童出版社 2004 年 6 月／又名《白垩纪往事》

◎《球状闪电》／载《星云 II》，四川科学技术出版社 2004 年 7 月

◎《三体》／《科幻世界》2006 年第 5-12 期连载／重庆出版社 2008 年 1 月

◎《三体 II · 黑暗森林》／重庆出版社 2008 年 5 月

◎《三体 III · 死神永生》／重庆出版社 2010 年 11 月

◎《中国 2185》（未发表）

【中短篇小说】

● 1999 年

◎《鲸歌》／《科幻世界》1999 年第 6 期

◎《微观尽头》／《科幻世界》1999 年第 6 期

◎《宇宙坍缩》／《科幻世界》1999 年第 7 期

◎《带上她的眼睛》／《科幻世界》1999 年第 10 期

● 2000 年
◎《地火》／《科幻世界》2000 年第 2 期
◎《流浪地球》／《科幻世界》2000 年第 7 期

● 2001 年
◎《乡村教师》／《科幻世界》2001 年第 1 期
◎《微纪元》／《科幻世界》2001 年第 4 期
◎《纤维》／《科幻世界·惊奇档案》2001 年霹雳与玫瑰号
◎《命运》／《科幻世界·惊奇档案》2001 年太阳舞号
◎《全频带阻塞干扰》／《科幻世界》2001 年第 8 期／有俄罗斯版、中国版
◎《信使》／《科幻大王》2001 年第 11 期
◎《波斯湾飞马》／载《波斯湾飞马》，中国大地出版社 2001 年 9 月／《天使时代》下篇

● 2002 年
◎《混沌蝴蝶》／《科幻大王》2002 年第 1 期
◎《西洋》／载《2001 年度中国最佳科幻小说集》，四川人民出版社 2002 年 1 月
◎《中国太阳》／《科幻世界》2002 年第 1 期
◎《梦之海》／《科幻世界》2002 年第 1 期
◎《朝闻道》／《科幻世界》2002 年第 1 期
◎《天使时代》／《科幻世界》2002 年第 6 期
◎《吞食者》／《科幻世界》2002 年第 11 期／又名《人和吞食者》

● 2003 年
◎《诗云》／《科幻世界》2003 年第 3 期
◎《光荣与梦想》／《科幻世界》2003 年第 8 期
◎《地球大炮》／《科幻世界》2003 年第 9 期
◎《思想者》／《科幻世界》2003 年第 12 期

● 2004 年
◎《圆圆的肥皂泡》/《科幻世界》2004 年第 3 期
◎《镜子》/《科幻世界》2004 年第 12 期
◎《白垩纪往事》(中篇版)/《科幻大王》2004 年 9、10、11 期连载

● 2005 年
◎《创世纪》(《超新星纪元》节选中篇版)/《科幻大王》2004 年 12 期、2005 年 1 期连载
◎《赡养上帝》/《科幻世界》2005 年第 1 期
◎《欢乐颂》/《恐龙·九州幻想》2005 年 8 月刊贪狼号
◎《赡养人类》/《科幻世界》2005 年第 11 期

● 2006 年
◎《山》/《科幻世界》2006 年第 1 期

● 2009 年
◎《月夜》/《生活》2009 年 2 月号

● 2010 年
◎《2018 年 4 月 1 日》/载《时光尽头》,花山文艺出版社 2010 年 1 月
◎《人生》/载《时光尽头》,花山文艺出版社 2010 年 1 月
◎《太原之恋》/载《九州幻想·贲书铁卷》,新世界出版社 2010 年 2 月/又名《太原诅咒》
◎《时间移民》/载《微纪元》,沈阳出版社 2010 年 4 月

● 2014 年
◎《海水高山》/《新课堂·科普童话》2014 年 9 期/(原作 2003 年获得东方少年系列文学大奖赛一等奖,扩展版为《山》)

● 未发表
◎《烧火工》

【个人选集】

◎《带上她的眼睛》／人民文学出版社 2004 年 6 月
含：《地火》《带上她的眼睛》《全频带阻塞干扰》《乡村教师》《中国太阳》《朝闻道》

◎《带上她的眼睛》／上海科普出版社 2004 年 10 月
含：《流浪地球》《天使时代》《带上她的眼睛》《坍缩》《全频带阻塞干扰》《诗云》《梦之海》《混沌蝴蝶》《朝闻道》《人和吞食者》《光荣和梦想》

◎《流浪地球：刘慈欣获奖作品》／长江文艺出版社 2008 年 11 月
含：《中国太阳》《乡村教师》《全频带阻塞干扰》《流浪地球》《带上她的眼睛》《地球大炮》《镜子》《赡养上帝》

◎《魔鬼积木·白垩纪往事》／长江文艺出版社 2008 年 11 月
含：《白垩纪往事》《魔鬼积木》

◎《时光尽头》／花山文艺出版社 2010 年 1 月
含：《2018 年 4 月 1 日》《朝闻道》《地火》《光荣与梦想》《欢乐颂》《混沌蝴蝶》《鲸歌》《梦之海》《人和吞食者》《人生》《山》《命运》

◎《微纪元》／沈阳出版社 2010 年 4 月
含：《赡养人类》《圆圆的肥皂泡》《思想者》《微纪元》《诗云》《时间移民》《微观尽头》《坍缩》《天使时代》《纤维》《山》《信使》

◎《白垩纪往事》／辽宁少年儿童出版社 2010 年 8 月
含：《白垩纪往事》《带上她的眼睛》《流浪地球》《朝闻道》《赡养上帝》《地火》《乡村教师》《梦之海》《地球大炮》《圆圆的肥皂泡》

◎《刘慈欣卷：天使时代》／人民邮电出版社 2012 年 8 月
含：《天使时代》《鲸歌》《坍缩》《微纪元》《混沌蝴蝶》《梦之海》《人和吞

食者》《光荣与梦想》《圆圆的肥皂泡》

◎《乡村教师：刘慈欣科幻自选集》/长江文艺出版社 2012 年 9 月
含：《镜子》《流浪地球》《梦之海》《全频带阻塞干扰》《人和吞食者》《赡养人类》《赡养上帝》《诗云》《思想者》《坍缩》《微纪元》《乡村教师》《中国太阳》

◎《中国太阳》/辽宁少年儿童出版社 2014 年 1 月
含：《中国太阳》《纤维》《微纪元》《山》《人和吞食者》

◎《时间移民》/江苏凤凰文艺出版社 2014 年 12 月
含：《坍缩》《西洋》《镜子》《朝闻道》《命运》《山》《时间移民》《思想者》《吞食者》《微纪元》《天使时代》《梦之海》《微观尽头》《欢乐颂》

◎《2018》/江苏凤凰文艺出版社 2014 年 12 月
含：《2018 年》《赡养人类》《诗云》《地火》《鲸歌》《白垩纪往事》《人生》《超新星纪元》《圆圆的肥皂泡》《纤维》《信使》《混沌蝴蝶》《光荣与梦想》

◎《鲸歌》/大连出版社 2015 年 6 月
含：《鲸歌》《圆圆的肥皂泡》《梦之海》《命运》《山》

◎《带上她的眼睛：刘慈欣科幻短篇小说集Ⅰ》/四川科学技术出版社 2015 年 6 月
含：《鲸歌》《微观尽头》《宇宙坍缩》《带上她的眼睛》《地火》《流浪地球》《乡村教师》《混沌蝴蝶》《微纪元》《全频带阻塞干扰》《纤维》《命运》《信使》《中国太阳》《朝闻道》《天使时代》《人和吞食者》

◎《梦之海：刘慈欣科幻短篇小说集Ⅱ》/四川科学技术出版社 2015 年 6 月
含：《梦之海》《西洋》《诗云》《光荣与梦想》《地球大炮》《人生》《思想者》《圆圆的肥皂泡》《镜子》《赡养上帝》《欢乐颂》《赡养人类》《山》《太原之恋》《2018 年 4 月 1 日》《时间移民》《烧火工》《圆》

◎《镜子》/ 中国工人出版社 2015 年 12 月

含：《镜子》《山》《诗云》《流浪地球》《中国太阳》《带上她的眼睛》《地球大炮》《思想者》《朝闻道》《乡村教师》

◎《爱因斯坦赤道》/ 广西师范大学出版社 2016 年 1 月 / 刘慈欣少年科幻科学小说系列（共五册）

含：《山》《思想者》《信使》《朝闻道》

◎《第三次探险未来世界》/ 广西师范大学出版社 2016 年 1 月 / 刘慈欣少年科幻科学小说系列（共五册）

含：《圆圆的肥皂泡》《地火》《月夜》《微观尽头》《坍缩》《鲸歌》

◎《动物园里的救世主》/ 广西师范大学出版社 2016 年 1 月 / 刘慈欣少年科幻科学小说系列（共五册）

含：《白垩纪往事》《命运》《纤维》《梦之海》

◎《孤独的进化论》/ 广西师范大学出版社 2016 年 1 月 / 刘慈欣少年科幻科学小说系列（共五册）

含：《带上她的眼睛》《地球大炮》《乡村教师》

◎《十亿分之一的孤独》/ 广西师范大学出版社 2016 年 1 月 / 刘慈欣少年科幻科学小说系列（共五册）

含：《人和吞食者》《诗云》《微纪元》

◎《人和吞食者》/ 现代出版社 2016 年 1 月

含：《赡养人类》《地球大炮》《人和吞食者》《中国太阳》《全频带阻塞干扰》《流浪地球》《带上她的眼睛》《命运》《赡养上帝》《太原诅咒》《2018 年》《鲸歌》《微观尽头》

◎《蝴蝶》/ 中国工人出版社 2016 年 3 月

含：《混沌蝴蝶》《吞食者》《全频带阻塞干扰》《地火》《梦之海》《赡养上帝》《赡养人类》《微纪元》《天使时代》《超新星纪元》

◎《流浪地球》/ 中国华侨出版社 2016 年 6 月

含：《信使》《2018 年 4 月 1 日》《微观尽头》《带上她的眼睛》《朝闻道》《混沌蝴蝶》《地球大炮》《流浪地球》《微纪元》《命运》《中国太阳》《全频带阻塞干扰》

◎《赡养人类》/ 中国华侨出版社 2016 年 7 月

含：《地火》《鲸歌》《镜子》《人和吞食者》《太原诅咒》《赡养上帝》《赡养人类》《坍缩》《天使时代》《乡村教师》

◎《宇宙观察者：刘慈欣精选集》/ 希望出版社 2016 年 8 月

含：《三体外传》《2018 年 4 月 1 日》《白垩纪往事》《光荣与梦想》《欢乐颂》《混沌蝴蝶》《鲸歌》《镜子》《命运》《人和吞食者》《太原诅咒》《天使时代》《西洋》《纤维》《圆圆的肥皂泡》《信使》

◎《超新星纪元》/ 中国华侨出版社 2016 年 10 月

含：《西洋》《思想者》《山》《超新星纪元》《白垩纪往事》《圆圆的肥皂泡》《纤维》《诗云》《梦之海》《光荣与梦想》

◎《信使》/ 中国工人出版社 2017 年 3 月

含：《信使》《坍缩》《纤维》《西洋》《微观尽头》《2018 年》《命运》《光荣与梦想》《鲸歌》《太原诅咒》《圆圆的肥皂泡》《白垩纪往事》

◎《带上她的眼睛》/ 长江文艺出版社 2017 年 3 月

含：《微观尽头》《带上她的眼睛》《流浪地球》《乡村教师》《全频带阻塞干扰》《中国太阳》《诗云》《思想者》《地球大炮》《镜子》《赡养人类》《2018 年》

◎《朝闻道》/ 江苏凤凰文艺出版社 2018 年 1 月 / 又以《刘慈欣经典》2018 年 5 月出版

含：《带上她的眼睛》《朝闻道》《思想者》《中国太阳》《坍缩》《全频带阻塞干扰》《诗云》

◎《时空迷航：刘慈欣科幻作品集》/ 哈尔滨出版社 2018 年 4 月

含：《命运》《混沌蝴蝶》《信使》《2018 年 4 月 1 日》《人生》《光荣与梦想》

《鲸歌》《太原诅咒》

◎《流浪的地球》/ 浙江教育出版社 2018 年 5 月 / 银火箭少年科幻系列
含：《超新星纪元》《流浪的地球》《圆圆的肥皂泡》《诗云》

◎《朝闻道》/ 长江文艺出版社 2018 年 8 月
含：《朝闻道》《带上她的眼睛》《赡养上帝》《乡村教师》《流浪地球》《诗云》《思想者》《圆圆的肥皂泡》《中国太阳》

◎《刘慈欣科幻小说自选集》/ 长江文艺出版社 2018 年 10 月
含：《流浪地球》《微纪元》《超新星纪元》《山》《诗云》《梦之海》《朝闻道》《乡村教师》《全频带阻塞干扰》《人和吞食者》

◎《流浪地球：刘慈欣短篇小说精选》/ 四川科学技术出版社 2019 年 2 月
含：《朝闻道》《山》《带上她的眼睛》《流浪地球》《乡村教师》《微纪元》《中国太阳》《梦之海》《时间移民》《镜子》《全频带阻塞干扰》

【非小说】

● 2000 年
◎《筑起我们的金字塔——由银河奖想到的》/ 发表于内刊《星云》2000 年第 2 期
◎《消失的溪流——20 世纪 80 年代的中国科幻》/ 发表于内刊《星云》2000 年第 2 期

● 2001 年
◎《理想之路——科幻和理想社会》/ 发表于内刊《星云》2001 年第 1 期 / 后改名《天国之路——科幻和理想社会》
◎《在 2000 年度中国科幻银河奖颁奖会暨北师大科幻联谊会上的发言》/ 发表于内刊《星云》2001 年第 2 期

● 2003年
◎《文明的反向扩张》/《科幻世界》2003年第2期/又名《越小越好》
◎《远航！远航！》/《科幻世界》2003年第3期
◎《〈超新星纪元〉后记》/载《超新星纪元》，作家出版社2003年1月
◎《峡谷中的旅程——读王晋康的〈类人〉》/《科学时报》2003年5月15日/署名：任言

● 2004年
◎《后记：我们需要的科幻》/载《带上她的眼睛》，上海科学普及出版社2004年10月
◎《〈球状闪电〉后记》/载《星云Ⅱ》，四川科学技术出版社2004年7月

● 2005年
◎《现代神话》/《科幻画报·文学秀》2005年5月号

● 2006年
◎《科幻边界上的诸神复活——评〈光明王〉》/《科幻世界译文版》2006年第1期
◎《向前半个世纪的胡思乱想》/《企业家》2006年1月
◎《科幻文学：世界性的低迷？》/《中国图书商报》2006年3月10日

● 2007年
◎《西风百年——浅论外国科幻对中国科幻文学的影响》/《科幻世界》2007年第9期
◎《小木屋中的星空——〈开阔的前庭〉后记》/《世界科幻博览》2007年第1期
◎《太空中的西部世界——〈外星稽查行动〉后记》/《世界科幻博览》2007年第2期
◎《文明的返祖——〈最后的城堡〉评论》/《世界科幻博览》2007年第3期
◎《科学的淡出——〈赌一把〉评论》/《世界科幻博览》2007年第4期
◎《机器的征途和人的复活——〈悲剧之歌〉评论》/《世界科幻博览》2007年第5期

◎《纳须祢于芥子——从〈死鸟〉看科幻的宗教感情和宏大叙事》/《世界科幻博览》2007 年第 6 期

◎《道德的迷雾和生存的真相——〈狩猎月亮〉评论》/《世界科幻博览》2007 年第 7 期

◎《玻璃箱中的思考——〈沙王〉评论》/《世界科幻博览》2007 年第 8 期

◎《君子报仇，万年不晚——〈斗篷与棍棒〉评论》/《世界科幻博览》2007 年第 9 期

◎《泽拉兹尼的轮回——〈独角兽棋局〉评论》/《世界科幻博览》2007 年第 10 期

◎《你会爱上吸尘器吗？——〈血孩子〉评论》/《世界科幻博览》2007 年第 11 期

◎《生态女性主义、盖娅和人格放大——〈永久冻土〉评论》/《世界科幻博览》2007 年第 12 期

◎《2007 年的中国科幻小说——〈中国科幻小说年选〉前言》/载《中国科幻小说年选》，江苏文艺出版社 2007 年 12 月

● 2008 年
◎《为什么人类还值得拯救：刘慈欣 VS 江晓原》/载《2007 年度中国最佳科幻小说集》，四川人民出版社 2008 年 1 月/王艳主持、记录

◎《从大海见一滴水：对科幻小说中某些传统文学要素的反思》/载《流浪地球》，长江文艺出版社 2008 年 11 月

● 2009 年
◎《人类会怎么灭亡》/《时尚先生》2009 年 1 期
◎《传统文学要素在科幻小说中的变化》/《科幻大王》2009 年第 5 期
◎《超越自恋——科幻给文学的机会》/《山西文学》2009 年 7 期
◎《在平淡中创造神奇的三十年》/《科幻世界增刊 30 周年特别纪念》
◎《〈流浪地球〉：寻找家园之旅》/《科幻世界增刊 30 周年特别纪念》/又名《〈流浪地球〉再发表序言》
◎《岳父与茅台》/载《茅台故事 365 天》，作家出版社 2009 年 6 月
◎《宇宙随想》/载《星云 VII》，四川科学技术出版社 2009 年 12 月

● 2010年
◎《技术奇点二题》/载《读库1005》,新星出版社2010年10月/含《永生的阶梯》《劫持的噩梦》
◎《重返伊甸园——科幻创作十年回顾》/《南方文坛》2010年第6期
◎《当科普的科幻尝起来是文学的》/《中国科技奖励》2010年第6期

● 2011年
◎《科幻文学中的青春和梦——〈水晶的天空〉序》/载《水晶的天空》,浙江少年儿童出版社2011年6月

● 2012年
◎《一个和十万个地球》/《周末画报》2012年新年特刊
◎《重建对科幻文学的信心》/《作家通讯》2012第2期
◎《漫游在末世的美国大地上……——评〈火星照耀美国〉》/《南方周末》2012年3月23日
◎《雷·布莱伯利》/《财经》2012年7月1日逝者专栏
◎《科幻阶梯阅读荐书榜》/《北京青年报》2012年7月6日
◎《在地球老去之前》/《知识家》2012年12期

● 2013年
◎《奇点前夜的科幻小说——〈奇点科幻〉丛书序》/载"奇点科幻丛书"（共五册）,希望出版社2013年1月
◎《拥抱星舰文明》/《环球科学》2013年第2期,原名《星空的召唤》
◎《城市,由实体走向虚拟》/新华社2013年3月29日
◎《我眼中的当代中国科幻文学》/《科技日报》2013年5月18日
◎《两百年后的世界——给女儿的一封信》/《新京报》2013年6月1日
◎《2013年转化中的科幻文学》/《北京青年报》2013年10月11日
◎《走了三十亿年,我们干嘛来了?——〈太空将来时〉序》/载《太空将来时》,清华大学出版社2013年7月
◎《壮丽的宇宙云图——〈隐藏的现实：平行宇宙是什么〉序》/载《隐藏的现实：平行宇宙是什么》,人民邮电出版社2013年7月
◎《关于科幻文学的一些思考》/《名作欣赏（上旬版）》2013年10期

◎《珍贵的末日体验——〈逃出母宇宙〉序》／载《逃出母宇宙》，四川科学技术出版社2013年12月

● 2014年
◎《嫦娥3号，一个美丽的开始》／《中国国家天文》2014年1期
◎《最糟的宇宙和最好的地球——〈三体〉和中国的科幻小说》／《当读》第十一期
◎《刘慈欣：未来早已到来》／《中国企业家》2014年第2期／刘慈欣口述，张亚东整理

● 2015年
◎《随笔两则》／《山西文学》2015年2期／含《〈三体〉英文版后记》和《黑暗森林猜想》
◎《中国早期的科幻文学》／《娘子关》2015年2期
◎《诗意的科幻——〈杀敌算法〉序》／载《杀敌算法》，四川科学技术出版社2015年3月

● 未发表或发表处未知
◎《当前航天技术与科幻预测的对比》
◎《〈东京圣战〉和〈冷酷的方程式〉》
◎《掐头去尾看本届雨果奖》
◎《从双奖看美国当代科幻》
◎《AI种族的史前时代》

【非虚构图书】

◎《刘慈欣谈科幻》／湖北科学技术出版社2014年1月
◎《最糟的宇宙，最好的地球：刘慈欣科幻评论随笔集》／四川科学技术出版社2015年12月

刘慈欣获奖记录

◎《带上她的眼睛》　　1999年度第十一届中国科幻银河奖一等奖
◎《流浪地球》　　　　2000年度第十二届中国科幻银河奖特等奖
◎《全频带阻塞干扰》　2001年度第十三届中国科幻银河奖
◎《中国太阳》　　　　2002年度第十四届中国科幻银河奖
◎《地球大炮》　　　　2003年度第十五届中国科幻银河奖
◎《海水高山》　　　　2003年东方少年系列文学大奖赛科幻作品奖一等奖
◎《镜子》　　　　　　2004年度第十六届中国科幻银河奖
◎《赡养人类》　　　　2005年度第十七届中国科幻银河奖
◎《三体》　　　　　　2006年度第十八届中国科幻银河奖特别奖
◎《超新星纪元》　　　2007—2009年度赵树理文学奖
◎《三体Ⅲ·死神永生》2010年度第二十二届银河奖特别奖
◎刘慈欣　　　　　　　2010年首届全球华语科幻星云奖最佳科幻/奇幻作家奖
◎《三体Ⅲ·死神永生》2010年度第二届中文幻想星空奖最佳中长篇小说奖

◎ 刘慈欣	2010 年度第二届中文幻想星空奖 特别贡献奖
◎《三体Ⅲ·死神永生》	2011 年第二届全球华语科幻星云奖 最佳长篇科幻小说奖金奖
◎ 刘慈欣	2011 年第二届全球华语科幻星云奖 最佳科幻作家奖金奖
◎《三体Ⅲ·死神永生》	2011 年度最佳长篇小说(《当代》杂志)
◎《三体》	《当代》长篇小说年度五佳
◎《赡养上帝》	2012 年首届柔石小说奖 短篇小说金奖
◎《三体》	2013 年第一届西湖·类型文学双年奖 金奖
◎《三体Ⅲ·死神永生》	2013 年第九届全国优秀儿童文学奖 科幻文学奖
◎ The Three-body Problem	2014 Nebula Awards Best Novel nominee
◎ The Three-body Problem	2014 Hugo Awards Best Novel nominee
◎ The Three-body Problem	2014 Locus Awards Best Science Fiction Novel finalist
◎ The Three-body Problem	2014 Prometheus Awards Best Novel finalist
◎《三体》	2015 年第七十三届雨果奖
◎ 刘慈欣	2015 年第二十六届银河奖 特别功勋奖
◎ 刘慈欣	2015 年第六届全球华语科幻星云奖 组委会特别奖·华语科幻文学最高成就奖
◎《刘慈欣科幻短篇小说集》	2016 年第二十七届银河奖 最佳原创图书奖

编后记

2019年,无论对刘慈欣来说,还是对中国科幻来说,都是一个颇具意义的年份。

从《乡村教师》改编的电影《疯狂的外星人》的不俗表现,到电影《流浪地球》的完美逆袭,刘慈欣再次成为焦点,中国科幻也引起近乎全民参与的讨论。

我们期待一种意义,更期待一个黄金时代。

再把时间的指针轻轻拨动,在并不遥远的2015年,我们仍可感触彼时的激动。

这一年,生活在山西阳泉的作家刘慈欣,凭借《三体》荣获第七十三届世界科幻大会雨果奖最佳长篇故事奖。这不单是中国人的骄傲,更是亚洲人首次获得这项世界顶级科幻文学奖。

他以一己之力,将中国科幻文学带上了世界高度,引发了"三体热"。

中国的写作者,不知凡几。写科幻文学的,也不乏其人。

这一次，为什么是刘慈欣？

早在 2006 年，《三体》横空出世时，刘慈欣在后记中这样写道，"好看的科幻小说应该是把最空灵最疯狂的想象写得像新闻报道一般真实"，他希望自己"把小说写得像是历史学家对过去的真实记叙"。

这是他努力的方向。

我们希望，从此时此刻开始，中国科幻甚是世界科幻，会迎来一个新的春天。

也正是因此，我们深刻地意识到，刘慈欣是山西的，也是中国的，更是世界的。

所以，便有了这本《我是刘慈欣》。

感谢刘慈欣先生，提供了大量的影像资料，让我们得以管窥作家的真实生活状态。感谢每一位提供作品的作者，感谢豆瓣网的刘慈欣小组，正是因为有了这么庞大的科幻文学读者群，我们才能得以及时编定此书。

因时间仓促，错讹之处在所难免，恳请批评指正。

声明

本书编者和责任编辑虽经多方努力,但仍有部分作者未能及时取得联系。故此,企盼相关作者在见到此书后及时与我社联系,将为您奉上样书及稿酬。

联系人:刘文飞　0351-5628695/5628688